Mind Mapping für Frauen mit ADHS im Erwachsenenalter

Nutzen Sie das volle Potenzial Ihres Gehirns und stärken Sie Ihre ADHS-Reise

MARGOT PEARSON

Urheberrecht © 2024

Inhaltsverzeichnis

Einführung

Willkommensnachricht

Willkommen bei „Mind Mapping für Frauen mit ADHS im Erwachsenenalter: Nutzen Sie das volle Potenzial Ihres Gehirns und stärken Sie Ihre ADHS-Reise." Dieses Buch ist eine Liebesarbeit, die aus meinen eigenen Erfahrungen und Kämpfen mit ADHS entstanden ist. Ich hoffe aufrichtig, dass Sie auf diesen Seiten die Werkzeuge und Inspirationen finden, die Sie benötigen, um Ihre ADHS-Reise selbstbewusst und klar zu meistern. Unabhängig davon, ob Sie neu diagnostiziert wurden oder schon seit Jahren mit ADHS leben, möchte dieses Buch Ihnen praktische Strategien, herzliche Ermutigung und eine unterstützende Gemeinschaft bieten.

Kurze Einführung in den Zweck des Buches

Der Zweck dieses Buches besteht darin, Frauen mit ADHS zu stärken, indem sie sie mit dem leistungsstarken Tool des Mind Mapping vertraut macht. Mind Mapping ist nicht nur eine Technik; es ist eine transformative Denkweise, die Ihnen helfen kann, Ihre Gedanken zu ordnen, Ihre Zeit zu verwalten und Ihre Ziele zu erreichen. Für Frauen mit ADHS, die oft mit mehreren Rollen und Verantwortlichkeiten jonglieren, bietet Mind Mapping eine strukturierte und dennoch flexible Methode, um das volle Potenzial unseres einzigartigen Gehirns auszuschöpfen.

Dieses Buch soll:

- Informieren Sie sich über ADHS und seine Auswirkungen auf Frauen
- Erklären Sie das Konzept und die Vorteile von Mind Mapping
- Bieten Sie praktische Anwendungen von Mind Mapping in verschiedenen Aspekten des Lebens
- Teilen Sie echte Erfolgsgeschichten von Frauen, die von Mind Mapping profitiert haben
- Bieten Sie eine Schritt-für-Schritt-Anleitung an, die Ihnen beim Einstieg und bei der Aufrechterhaltung Ihrer Mindmapping-Praxis hilft

Am Ende dieses Buches werden Sie ein umfassendes Verständnis dafür haben, wie Sie Mind Mapping nutzen können, um Ihr tägliches Leben zu verbessern, Ihre Produktivität zu steigern und Ihr emotionales und mentales Wohlbefinden zu verbessern.

Die Reise des Autors mit ADHS

Mit Mitte Dreißig wurde bei mir ADHS diagnostiziert, nachdem ich jahrelang das Gefühl hatte, ständig gegen den Strom zu schwimmen. Die Diagnose war zugleich Erleichterung und Offenbarung . Es erklärt so viel über meine Schwierigkeiten mit Zeitmanagement, Organisation und Konzentration. Es brachte jedoch auch eigene Herausforderungen mit sich. Ich musste lernen, mich in einer Welt zurechtzufinden, die nicht auf die Funktionsweise meines Gehirns ausgelegt war.

Meine Reise mit ADHS war eine Selbstfindung und ein Wachstum. Ich experimentierte mit verschiedenen Strategien und Werkzeugen, um meine Symptome in den Griff zu bekommen, und während dieser Erkundung stieß ich auf Mind Mapping. Anfangs war es nur eine unterhaltsame und kreative Art, Notizen zu machen, aber bald erkannte ich, dass es tiefgreifende Auswirkungen auf meine Fähigkeit hatte, Gedanken zu ordnen, Projekte zu planen und Überforderung zu reduzieren. Mind Mapping wurde zu einem Eckpfeiler meiner täglichen Routine und half mir, die Stärken meines ADHS-Gehirns zu nutzen, anstatt dagegen anzukämpfen.

Mit diesem Buch möchte ich die Erkenntnisse und Techniken teilen, die mir und vielen anderen Frauen wie mir geholfen haben. Mein Ziel ist es, Ihnen eine

Ressource zur Verfügung zu stellen, die nicht nur die praktischen Aspekte der Behandlung von ADHS behandelt, sondern auch die damit verbundene Kreativität, Belastbarkeit und einzigartigen Perspektiven würdigt.

Bedeutung von Mind Mapping für Frauen mit ADHS

Frauen mit ADHS stehen oft vor einzigartigen Herausforderungen, die sich auf jeden Aspekt ihres Lebens auswirken können. Zu diesen Herausforderungen gehören die Bewältigung von Haushaltspflichten, die Vereinbarkeit von Beruf und Familie, der Umgang mit gesellschaftlichen Erwartungen und die Aufrechterhaltung des persönlichen Wohlbefindens gehören. Herkömmliche Organisationsinstrumente und -methoden versagen oft, was zu Frustration und einem Gefühl der Unzulänglichkeit führt.

Mind Mapping bietet eine dynamische und visuell ansprechende Möglichkeit, diese Herausforderungen zu bewältigen. Hier erfahren Sie, warum Mindmapping besonders für Frauen mit ADHS von Vorteil ist:

1. **Visuelle Organisation**: ADHS-Gehirne sind oft stärker visuell orientiert. Mind Maps nutzen Farben, Bilder und räumliche Beziehungen zur Darstellung von Informationen und erleichtern so deren Verarbeitung und Erinnerung.

2. **Flexible Struktur**: Im Gegensatz zu linearen Listen und Gliederungen ermöglichen Mindmaps nichtlineares Denken. Diese Flexibilität ist perfekt für das ADHS-Gehirn, das oft von Idee zu Idee springt.

3. **Ganzheitliche Sicht**: Mind Maps bieten eine Vogelperspektive auf Informationen und helfen Ihnen, Zusammenhänge und Beziehungen zwischen verschiedenen Informationen zu erkennen. Diese ganzheitliche Perspektive kann Gefühle der Überforderung reduzieren und die Klarheit erhöhen.

4. **Kreativer Ausdruck**: Mind Mapping nutzt Ihre kreative Seite und sorgt dafür, dass sich Planung und Organisation eher wie ein Kunstprojekt denn wie eine lästige Pflicht anfühlen. Dieses kreative Ventil kann sowohl therapeutisch als auch motivierend sein.

5.   **Anpassung**: Mind Maps können an Ihren persönlichen Stil und Ihre Bedürfnisse angepasst werden. Ganz gleich, ob Sie digitale Tools oder Stift und Papier bevorzugen, Sie können Ihre Mind Maps ganz nach Ihren Wünschen anpassen.

6.   **Verbesserter Fokus**: Der Prozess der Erstellung einer Mindmap erfordert aktives Engagement, was dabei helfen kann, den Fokus und die Konzentration zu verbessern. Es unterteilt Aufgaben in überschaubare Abschnitte, sodass Sie leichter den Überblick behalten.

ADHS bei Frauen verstehen

Überblick über ADHS

Die Aufmerksamkeitsdefizit-Hyperaktivitätsstörung (ADHS) ist eine neurologische Entwicklungsstörung, die durch anhaltende Muster von Unaufmerksamkeit, Hyperaktivität und Impulsivität gekennzeichnet ist. Während ADHS häufig bei Kindern auftritt, betrifft es auch Millionen Erwachsene auf der ganzen Welt. ADHS äußert sich bei jedem Menschen unterschiedlich und die Symptome können sehr unterschiedlich sein.

ADHS wird häufig in drei Typen eingeteilt:

1. **Überwiegend unaufmerksame Präsentation**: Schwierigkeiten, die Aufmerksamkeit aufrechtzuerhalten, Aufgaben zu erledigen und Aktivitäten zu organisieren.
2. **Überwiegend hyperaktiv-impulsive Präsentation**: Hyperaktivität, Impulsivität und Schwierigkeiten, still zu sitzen oder auf eine Wendung zu warten.
3. **Kombinierte Präsentation**: Eine Kombination aus Unaufmerksamkeit und hyperaktiv-impulsiven Symptomen.

Einzigartige Herausforderungen für Frauen mit ADHS

Frauen mit ADHS stehen oft vor einzigartigen Herausforderungen, die nicht immer erkannt oder verstanden werden. Diese Herausforderungen können sich auf verschiedene Aspekte des Lebens auswirken, einschließlich persönlicher Beziehungen, Karriere und psychischer Gesundheit. Zu den größten Herausforderungen gehören:

1.   **Späte Diagnose**: Bei vielen Frauen wird ADHS später im Leben diagnostiziert, oft nachdem sie jahrelang mit den Symptomen zu kämpfen hatten. Diese späte Diagnose kann zu Frustration, Gefühlen und verpassten Möglichkeiten zur Unterstützung führen.

2.   **Maskierungs-   und Kompensationsstrategien**: Frauen mit ADHS sind oft geschickt darin, ihre Symptome zu maskieren und kompensatorische Strategien zur Bewältigung des Alltags zu entwickeln. Diese Strategien können zwar effektiv sein, aber auch anstrengend sein und zum Burnout führen.

3.   **Gesellschaftliche   Erwartungen**: Gesellschaftliche Erwartungen und Geschlechterrollen können zusätzlichen Druck auf Frauen mit ADHS ausüben. Die Erwartung, Haushaltspflichten, Kinderbetreuung und berufliche Pflichten bewältigen zu müssen, kann überwältigend sein und zu erhöhtem Stress und Ängsten führen.

4.   **Emotionale Regulierung**: Bei Frauen mit ADHS kann es zu einer erhöhten emotionalen Sensibilität und Schwierigkeiten bei der Regulierung von Emotionen kommen. Dies kann zu Stimmungsschwankungen, Angstzuständen

und Depressionen führen, was die ADHS-Symptome weiter verschlimmern kann.

5. **Selbstwertgefühl und Identität**: Der Kampf mit ADHS-Symptomen und gesellschaftlichen Erwartungen kann sich auf das Selbstwertgefühl und die Selbstidentität auswirken. Frauen fühlen sich möglicherweise unzulänglich oder vergleichen sich ständig mit anderen, was zu einem negativen Selbstbild führt.

Die Kraft der Selbstakzeptanz und des Selbstbewusstseins

Selbstakzeptanz und Selbstbewusstsein sind entscheidende Komponenten bei der Bewältigung von ADHS und einem erfüllten Leben. Wenn Sie Ihr ADHS annehmen und verstehen, welche Auswirkungen es auf Sie hat, können Sie Strategien entwickeln, die für Ihr einzigartiges Gehirn funktionieren.

1. **Selbstakzeptanz**: Ihr ADHS zu akzeptieren bedeutet zu erkennen, dass es ein Teil von Ihnen ist und nicht Ihren Wert oder Ihre Fähigkeiten definiert. Es geht darum, den Gedanken, „perfekt" zu sein, aufzugeben und sich stattdessen auf die eigenen Stärken und die einzigartigen Qualitäten zu konzentrieren, die

ADHS in Ihr Leben bringt. Selbstakzeptanz kann Scham- und Schuldgefühle reduzieren und ermöglicht es Ihnen, Herausforderungen mit einer positiveren und mitfühlenden Einstellung anzugehen.

2. **Selbstbewusstsein**: Selbsterkenntnis beinhaltet das Verständnis, wie sich ADHS auf Ihr Verhalten, Ihre Emotionen und Ihre Interaktionen mit der Welt auswirkt. Indem Sie sich Ihrer Auslöser, Stärken und Bereiche, die Unterstützung benötigen, bewusster werden, können Sie wirksame Strategien zur Behandlung Ihrer Symptome entwickeln. Mind Mapping ist ein hervorragendes Werkzeug zur Steigerung der Selbstwahrnehmung, da es Ihnen hilft, Ihre Gedanken und Emotionen zu visualisieren und zu ordnen.

3. **Aufbau eines Unterstützungssystems**: Sich mit einem unterstützenden Netzwerk aus Freunden, Familie und Fachleuten zu umgeben, kann bei der Behandlung von ADHS einen erheblichen Unterschied machen. Selbsthilfegruppen, Therapie und Coaching können wertvolle Erkenntnisse, Ermutigung und praktische Ratschläge liefern.

4. **Bewältigungsstrategien entwickeln**: Mit Selbstakzeptanz und Selbstbewusstsein können Sie personalisierte Bewältigungsstrategien entwickeln, die auf Ihre Stärken und Bedürfnisse abgestimmt sind. Zu diesen Strategien können Zeitmanagementtechniken, Achtsamkeitsübungen und kreative Möglichkeiten wie Mind Mapping gehören.

5. **Umfassen Sie Ihr einzigartiges Gehirn**: ADHS bringt seine eigenen Stärken mit sich, wie Kreativität, Fähigkeiten zur Problemlösung und die Fähigkeit, über den Tellerrand hinaus zu denken. Wenn Sie sich diese Stärken zunutze machen und Tools wie Mind Mapping nutzen, können Sie das volle Potenzial Ihres Gehirns ausschöpfen und Herausforderungen in Wachstumschancen verwandeln.

In diesem Buch werden wir untersuchen, wie Mind Mapping ein wirkungsvolles Werkzeug zur Steigerung der Selbstwahrnehmung, zur Organisation Ihrer Gedanken und zur Bewältigung der einzigartigen Herausforderungen von ADHS sein kann. Indem Sie Selbstakzeptanz mit praktischen Strategien kombinieren, können Sie ein Leben schaffen, das nicht nur beherrschbar, sondern auch erfüllend und stärkend ist.

Gemeinsam werden wir die Komplexität von ADHS bewältigten, die Stärken, die es mit sich bringt, feiern und Ihnen die Möglichkeit geben, Ihr bestes Leben zu führen. Willkommen auf Ihrer Reise der Selbstfindung und Stärkung. Lasst uns dieses Abenteuer gemeinsam beginnen.

Teil 1

Mind Mapping verstehen

Kapitel 1

Was ist Mindmapping?

Definition und Geschichte

Mind Mapping ist ein visuelles Denkwerkzeug, das dabei hilft, Informationen, Gedanken und Ideen strukturiert und dennoch flexibel zu organisieren. Dabei geht es darum, ein Diagramm zu erstellen, in dessen Mitte ein zentrales Konzept oder Thema mit Bezug darauf platziert wird.Es sind Unterthemen, die sich radial verzweigen. Jedes Unterthema kann sich weiter in seinen eigenen Unterthemen verzweigen und so ein Netz miteinander verbundener Ideen bilden. Diese Methode nutzt die natürliche Art und Weise des Gehirns, Informationen durch Assoziationen und visuelle Bilder zu verarbeiten, wodurch es einfacher wird, komplexe Konzepte zu verstehen und sich daran zu erinnern.

Das Konzept des Mind Mapping wurde in den 1970er Jahren von Tony Buzan, einem britischen Autor und Bildungsberater, populär gemacht. Buzans Arbeit wurde stark von seinem Interesse an der Funktionsweise des menschlichen Gehirns und seiner Informationsverarbeitung beeinflusst. Er stellte fest, dass herkömmliche Notizen Methoden oft linear und restriktiv waren und das volle Potenzial des Gehirns nicht ausgeschöpften. Inspiriert von den assoziativen und fantasievollen Fähigkeiten des Gehirns entwickelte Buzan Mind Mapping als eine Technik zur Verbesserung von Lernen, Gedächtnis und Kreativität.

Obwohl Buzan weithin dafür bekannt ist, Mind Mapping zu formalisieren, hat die Praxis selbst Wurzeln in der alten Geschichte. Historische Persönlichkeiten wie Leonardo da Vinci und Albert Einstein nutzten ähnliche Methoden, um ihre Gedanken und Ideen visuell zu organisieren. Obwohl diese frühen Mind Maps nicht als solche bezeichnet wurden, wurden sie zum Brainstorming, zum Lösen von Problemen und zum Verstehen komplexer Informationen verwendet.

Vorteile von Mind Mapping

Mind Mapping bietet eine Vielzahl von Vorteilen, insbesondere für Menschen mit ADHS. Diese Vorteile machen es zu einem leistungsstarken Werkzeug zur Verbesserung verschiedener Aspekte des Lebens, von der persönlichen Organisation bis hin zur beruflichen Produktivität. Hier sind einige der wichtigsten Vorteile:

1. **Verbessertes Gedächtnis und Erinnerung**

- Mind Maps greifen mehrere Bereiche des Gehirns an und erleichtern so das Kodieren und Abrufen von Informationen. Durch die Verwendung von Farben, Bildern und räumlichen Anordnungen entstehen starke mentale Bilder, die einprägsamer sind als herkömmliche textbasierte Notizen. Dies kann besonders für Menschen mit ADHS von Vorteil sein, die oft mit Gedächtnis- und Erinnerung Problemen zu kämpfen haben.

2. **Verbesserte Organisation**

- Mind Mapping bietet eine klare und intuitive Möglichkeit, Informationen zu organisieren. Indem Sie Ideen und ihre Beziehungen visuell darlegen, können Sie sowohl das Gesamtbild als auch die feineren Details gleichzeitig erkennen. Diese ganzheitliche Sichtweise kann dabei helfen, komplexe Sachverhalte zu verstehen und Zusammenhänge zwischen verschiedenen Informationen zu erkennen.

3. **Gesteigerte Kreativität**

o Die freie Form und der visuelle Charakter von Mind Mapping fördern kreatives Denken und Erkunden. Im Gegensatz zum linearen Notizen Machen können Sie mit Mind Mapping zwischen Ideen wechseln, neue Verbindungen herstellen und innovative Lösungen generieren. Diese kreative Freiheit kann besonders wertvoll für Menschen mit ADHS sein, die oft über eine reiche Vorstellungskraft und unkonventionelle Denkmuster verfügen.

4. Erhöhter Fokus und Konzentration

o Das Erstellen einer Mindmap erfordert aktives Engagement, was dabei helfen kann, den Fokus und die Konzentration zu verbessern. Das Aufteilen von Informationen in überschaubare Teile erleichtert es, bei der Sache zu bleiben, und verringert das Gefühl der Überforderung. Für Menschen mit ADHS, denen es möglicherweise schwer fällt, den Fokus aufrechterhalten, kann dies eine entscheidende Veränderung sein.

5. **Effiziente Problemlösung**

- o Mindmaps ermöglichen eine umfassende Sicht auf Probleme und mögliche Lösungsansätze. Durch die visuelle Darstellung des Problems und der damit verbundenen Faktoren können Sie verschiedene Blickwinkel erkunden und schnell wirksame Lösungen finden. Dies kann die Entscheidungs- und Problemlösungsfähigkeiten verbessern, die für Menschen mit ADHS oft schwierig sind.

6. **Verbesserte Kommunikation**

- o Mindmaps können ein hervorragendes Werkzeug sein, um komplexe Informationen klar und prägnant zu vermitteln. Sie bieten eine visuelle Zusammenfassung, die für andere leicht verständlich ist und den Austausch von Ideen und die Zusammenarbeit erleichtert. Dies kann besonders in Team Umgebungen nützlich sein, in denen eine klare Kommunikation unerlässlich ist.

7.   **Personalisiertes Lernen**

○ Mit Mind Mapping können Sie Ihre
Notizen- und Informationsverarbeitung
Methoden an Ihren individuellen Lernstil
anpassen. Unabhängig davon, ob Sie
visuelle Elemente, Schlüsselwörter oder
detaillierte Notizen bevorzugen, können
Sie Mindmaps erstellen, die Ihren
Vorlieben und Bedürfnissen entsprechen.
Diese Personalisierung kann das Lernen
effektiver und angenehmer machen.

8.   **Stressreduzierung**

○ Das Erstellen einer Mindmap kann
beruhigend und therapeutisch sein. Es
vermittelt ein Gefühl von Ordnung und
Klarheit und hilft, Ängste und Stress
abzubauen. Durch die visuelle
Organisation Ihrer Gedanken können Sie
Ihre Prioritäten und Aufgaben besser
verstehen und so Ihre Zeit und
Verantwortlichkeiten leichter verwalten.
Für Frauen mit ADHS, die oft mehrere

Rollen unter einen Hut bringen und ständigem Druck ausgesetzt sind, kann diese Stressreduzierung unglaublich vorteilhaft sein.

Kapitel 2

Wie Mind Mapping funktioniert

Die Wissenschaft hinter Mind Mapping

Mind Mapping hat seine Wurzeln in der kognitiven Neurowissenschaft und nutzt die natürlichen Funktionen des Gehirns, um Verständnis, Gedächtnis und Kreativität zu verbessern. Hier ist ein genauerer Blick auf die Wissenschaft dahinter:

1. **Gehirnhälften**

   - Das menschliche Gehirn ist in zwei Hemisphären unterteilt: die linke und die rechte. Die linke Hemisphäre ist mit logischem, analytischem und sequentiellem Denken verbunden, während die rechte Hemisphäre mit Kreativität, Vorstellungskraft und ganzheitlichem Denken verbunden ist. Herkömmliche Methoden zum Notieren beanspruchen oft nur die linke Hemisphäre. Im Gegensatz dazu aktiviert Mind Mapping beide Hemisphären und fördert so einen ausgewogenen und integrierten Ansatz zur

Informationsverarbeitung. Dieses doppelte Engagement verbessert das Lernen und Behalten.

2. **Assoziation und Verbindung**

- ○ Das Gehirn verarbeitet Informationen durch Assoziationen. Wenn neue Informationen mit vorhandenem Wissen verknüpft werden, sind sie leichter zu merken und zu verstehen. Mind Mapping ahmt diesen natürlichen Prozess nach, indem es visuelle Verbindungen zwischen Konzepten herstellt. Jeder Zweig und Unterzweig repräsentiert eine andere Assoziation und trägt so dazu bei, diese Verbindungen zu stärken und die Erinnerung zu verbessern.

3. **Visuelle und räumliche Verarbeitung**

- ○ Das Gehirn ist äußerst geschickt darin, visuelle und räumliche Informationen zu verarbeiten. Bilder, Farben und räumliche Anordnungen sind einprägsamer als einfacher Text, weil sie den visuellen Kortex des Gehirns ansprechen. Mindmaps machen sich dies zunutze, indem sie visuelle Elemente integrieren, wodurch Informationen ansprechender und leichter zu merken sind.

4. **Chunking-Informationen**

- o Die kognitive Psychologie legt nahe, dass das Gehirn Informationen effektiver verarbeiten kann, wenn sie in überschaubare Teile zerlegt werden. Mind Mapping segmentiert Informationen auf natürliche Weise in kleine, miteinander verbundene Einheiten, wodurch komplexe Themen leichter verdaulich und weniger überwältigend werden.

5. **Arbeitsgedächtnis**

- o Das Arbeitsgedächtnis ist für die vorübergehende Speicherung und Bearbeitung von Informationen verantwortlich. Es spielt eine entscheidende Rolle bei Aufgaben, die Konzentration, Organisation und Problemlösung erfordern. Mind Mapping reduziert die kognitive Belastung durch die visuelle Organisation von Informationen, was dazu beiträgt, das Arbeitsgedächtnis freizugeben und die

Konzentration und Produktivität zu verbessern.

Wie es das ADHS-Gehirn aktiviert

Mind Mapping ist besonders effektiv für Menschen mit ADHS, da es auf ihre kognitiven Stärken abgestimmt ist und auf häufige Herausforderungen eingeht. So aktiviert Mind Mapping das ADHS-Gehirn:

1. **Visuelle Stimulation**

   o Das ADHS-Gehirn sehnt sich häufig nach visueller und sensorischer Stimulation. Mind Maps bieten durch die Verwendung von Farben, Bildern und räumlichen Anordnungen ein reichhaltiges, visuelles Erlebnis. Diese visuelle Stimulation trägt dazu bei, Interesse und Engagement aufrechtzuerhalten und erleichtert die Konzentration auf die anstehende Aufgabe.

2. **Nichtlineares Denken**

   o Menschen mit ADHS neigen dazu, nichtlinear und assoziativ zu denken. Herkömmliche lineare Notizen Methoden können sich einschränkend und kontraproduktiv anfühlen. Mind Mapping umfasst dieses nichtlineare Denken, indem es den Ideen einen freien und organischen Fluss ermöglicht. Diese Flexibilität hilft Menschen mit ADHS, ihre Gedanken auf eine für sie sinnvolle Weise zu ordnen.

3. **Aktives Engagement**

- Das Erstellen einer Mindmap ist ein aktiver Prozess, der Beteiligung und Kreativität erfordert. Dieses aktive Engagement trägt dazu bei, den Fokus und die Konzentration zu verbessern, was für Menschen mit ADHS oft ein Problem darstellt. Der Prozess des Zeichnens von Zweigen, des Hinzufügens von Farben und des Einbindens von Bildern hält den Geist beschäftigt und reduziert Ablenkungen.

4. **Aufgaben aufschlüsseln**

- Eine der häufigsten Herausforderungen für Menschen mit ADHS besteht darin, große Aufgaben in kleinere, überschaubare Schritte zu unterteilen. Mind Mapping segmentiert Informationen auf natürliche Weise in kleinere Einheiten und erleichtert so die Bewältigung komplexer Aufgaben und Projekte. Dieser strukturierte Ansatz kann Überforderungsgefühle reduzieren und die Produktivität steigern.

5. Verbesserung des Gedächtnisses und der Erinnerung

- ADHS geht häufig mit Gedächtnis- und Erinnerung Problemen einher. Die visuelle und assoziative Natur von Mind Maps trägt dazu bei, die Verbindungen zwischen Ideen zu stärken und sowohl das Kurzzeit- als auch das Langzeitgedächtnis zu verbessern. Die Verwendung von Schlüsselwörtern, Bildern und Farben erzeugt starke mentale Hinweise, die beim Abrufen von Informationen helfen.

6. Überwältigung reduzieren

- Das ADHS-Gehirn kann leicht durch zu viele Informationen oder unübersichtliche Umgebungen überfordert werden. Mind Maps bieten eine klare und organisierte Möglichkeit, Informationen zu visualisieren und so das mentale Durcheinander zu reduzieren. Durch die prägnante und optisch ansprechende Darstellung von Informationen tragen Mindmaps dazu bei, ein Gefühl von Ordnung und Kontrolle zu schaffen.

7. **Kreativität anregen**

- Menschen mit ADHS verfügen oft über ein hohes Maß an Kreativität und unkonventionellem Denken. Mind Mapping nutzt diese Kreativität, indem es den freien Ausdruck und die Erkundung von Ideen ermöglicht. Dieses kreative Ventil kann sowohl motivierend als auch therapeutisch sein und eine positive Möglichkeit bieten, Energie und Ideen zu kanalisieren.

8. **Personalisierung**

- Mind Maps können auf individuelle Vorlieben und Bedürfnisse zugeschnitten werden. Egal, ob Sie digitale Tools oder Stift und Papier bevorzugen, Sie können Ihre Mind Maps mit Farben, Bildern und Layouts anpassen, die zu Ihnen passen. Diese Personalisierung macht Mind

Mapping zu einem flexiblen und anpassungsfähigen Werkzeug, das sich an Ihre sich ändernden Bedürfnisse anpassen kann.

Kapitel 3

Werkzeuge und Techniken

Benötigte Materialien für Mind Mapping

Für den Einstieg in das Mindmapping sind nur minimale Materialien erforderlich, und Sie können je nach Wunsch zwischen traditionellen und digitalen Tools wählen. Hier ist eine Liste der wichtigsten Dinge:

1. **Papier:**

   - **Leeres Blatt**: Leere Blätter bieten die Flexibilität, Ihre Mindmap ohne Einschränkungen zu erweitern.
   - **Notizbuch**: Ein Notizbuch speziell für Mind Mapping kann Ihnen dabei helfen, Ihre Ideen an einem Ort zu organisieren.

2. **Schreibgeräte:**

   - **Kugelschreiber und Bleistifte**: Verwenden Sie zum Schreiben und Zeichnen verschiedene Stifte und Bleistifte. Druckbleistifte eignen sich hervorragend für feinere Details.

- o **Farbige Marker und Textmarker**: Farben können helfen, zwischen Zweigen zu unterscheiden und wichtige Punkte hervorzuheben, wodurch Ihre Mindmap visuell ansprechender und leichter verständlich wird.

3. **Extras**:

- o **Haftnotizen**: Nützlich zum Hinzufügen von Ideen, die im Zuge der Weiterentwicklung Ihrer Mindmap verschoben werden können.
- o **Schablonen und Lineale**: Diese sind zwar nicht notwendig, können aber dabei helfen, saubere, strukturierte Karten zu erstellen, wenn Sie ein eleganteres Aussehen bevorzugen.

Verschiedene Mindmapping-Tools und Apps

Mit der Weiterentwicklung der Technologie stehen zahlreiche digitale Tools und Apps zur Verfügung, die das Mindmapping-Erlebnis verbessern können. Hier ist eine Übersicht über einige beliebte Optionen:

1. **MindMeister**

- o **Überblick**: MindMeister ist ein Online-Mind-Mindmapping-Tool, mit dem Sie Mindmaps erstellen, teilen und gemeinsam daran arbeiten können. Es bietet eine benutzerfreundliche Oberfläche mit einer Vielzahl von Vorlagen und Anpassungsoptionen.
- o **Hauptmerkmale**: Zusammenarbeit in Echtzeit, Integration mit anderen Tools wie Google Drive und Slack und eine Bibliothek vorgefertigter Vorlagen.
- o **Beste für**: Gemeinschaftsprojekte, Geschäftsplanung und Bildungszwecke.

2. **XMind**

- o **Überblick**: XMind ist eine vielseitige Mindmapping-Software, die sowohl für Desktop- als auch für Mobilgeräte verfügbar ist. Es bietet eine Reihe von Funktionen zum Erstellen detaillierter und optisch ansprechender Mindmaps.
- o **Hauptmerkmale**: Gantt-Diagramme für die Projektplanung, Brainstorming-Modi und verschiedene Exportoptionen (z. B. PDF, Word, PowerPoint).
- o **Beste für**: Umfassendes Projektmanagement, individuelle Planung und professionelle Präsentationen.

3.   **Einfacher Geist**

- o **Überblick**: SimpleMind ist ein intuitives Mind-Mapping-Tool, das auf mehreren Plattformen verfügbar ist, darunter Windows, macOS, iOS und Android. Der Schwerpunkt liegt auf Einfachheit und Benutzerfreundlichkeit.
- o **Hauptmerkmale**: Plattformübergreifende Synchronisierung, verschiedene Layoutoptionen und die Möglichkeit, Medien (zB. Bilder, Videos) hinzuzufügen.
- o **Beste für**: Persönliche Organisation, Brainstorming-Sitzungen und wissenschaftliche Notizen.

4.   **Knebel**

- o **Überblick**: Coggle ist ein Online-Mind-Mindmapping-Tool, bei dem Zusammenarbeit und Einfachheit im Vordergrund stehen. Es ist webbasiert und somit von jedem Gerät mit Internetverbindung aus zugänglich.
- o **Hauptmerkmale**: Zusammenarbeit in Echtzeit, Nachverfolgung des Versionsverlaufs und einfaches Teilen über Links.

- ○ **Beste für**: Teamprojekte, schnelles Brainstorming und Visualisierung komplexer Informationen.

5. **iMindMap (jetzt Ayora)**

- ○ **Überblick**: iMindMap (jetzt Teil von Ayoa) wurde von Tony Buzan entwickelt und bietet einen umfassenden Satz an Tools für Mind Mapping und Aufgabenmanagement. Es kombiniert visuelles Mapping mit Taskboards und Funktionen für die Zusammenarbeit.
- ○ **Hauptmerkmale**: 3D-Mindmaps, Radial Karten, integrierte Aufgabenverwaltung und Integration mit anderen Produktivitätstools.
- ○ **Beste für**: Kreativ Profis, Teams, die an komplexen Projekten arbeiten, und Einzelpersonen, die einen visuellen Ansatz für das Aufgabenmanagement bevorzugen.

6. **MindMup**

- ○ **Überblick**: MindMap ist ein kostenloses Online-Mindmapping-Tool, das sich nahtlos in Google Drive integrieren lässt. Es bietet eine unkomplizierte

Benutzeroberfläche mit wesentlichen Mind Mapping-Funktionen.

- **Hauptmerkmale**: Google Drive-Integration, Möglichkeit zur Online-Veröffentlichung von Karten und verschiedene Exportoptionen.
- **Beste für**: Schnelle Mindmaps, Bildungszwecke und diejenigen, die cloudbasierte Lösungen bevorzugen.

7. **Freigeist**

- **Überblick**: FreeMind ist ein Open-Source-Mind-Mindmapping-Tool, das eine Reihe robuster Funktionen zum Erstellen detaillierter Mindmaps bietet. Es ist für Windows, macOS und Linux verfügbar.
- **Hauptmerkmale**: Umfangreiche Formatierungsoptionen, Hyperlinks und die Möglichkeit, in mehrere Formate zu exportieren.
- **Beste für**: Benutzer, die ein leistungsstarkes, kostenloses Tool mit umfangreichen Anpassungsoptionen benötigen.

So wählen Sie das richtige Werkzeug aus

Die Wahl des richtigen Mindmapping-Tools hängt von Ihren spezifischen Bedürfnissen und Vorlieben ab. Hier sind einige Faktoren, die Sie berücksichtigen sollten:

1. **Zweck**: Bestimmen Sie den Hauptzweck Ihrer Mind Maps. Sind sie für den persönlichen Gebrauch, für berufliche Projekte oder für gemeinsame Bemühungen gedacht? Unterschiedliche Tools erfüllen unterschiedliche Anforderungen.

2. **Benutzerfreundlichkeit**: Berücksichtigen Sie Ihren Komfort im Umgang mit Technologie. Einige Tools bieten eine einfache, intuitive Benutzeroberfläche, während andere erweiterte Funktionen bieten, die möglicherweise eine Lernkurve erfordern.

3. **Zusammenarbeit**: Wenn Sie vorhaben, mit anderen zusammenzuarbeiten, suchen Sie nach Tools, die Funktionen für die Zusammenarbeit in Echtzeit und einfache Optionen zum Teilen bieten.

4. **Anpassung**: Bewerten Sie den Grad der Anpassung, den Sie benötigen. Einige Tools bieten umfangreiche Optionen für Farben,

Layouts und Medien, während andere auf Einfachheit setzen.

5.   **Plattform Kompatibilität:** Stellen Sie sicher, dass das Tool mit Ihren Geräten und Betriebssystemen kompatibel ist. Plattformübergreifende Tools können von Vorteil sein, wenn Sie auf verschiedenen Geräten auf Ihre Mind Maps zugreifen müssen.

6.   **Kosten**: Während einige Tools kostenlos sind, erfordern andere möglicherweise ein Abonnement oder einen einmaligen Kauf. Berücksichtigen Sie Ihr Budget und den Wert, den das Tool bietet.

Durch die Auswahl der richtigen Materialien und Werkzeuge können Sie effektive und visuell ansprechende Mindmaps erstellen, die Ihre Produktivität und Kreativität steigern. Unabhängig davon, ob Sie das taktile Erlebnis von Stift und Papier oder die Flexibilität digitaler Tools bevorzugen, kann Mind Mapping eine leistungsstarke Ergänzung Ihres ADHS-Management-Toolkits sein. Im nächsten Kapitel befassen wir uns Schritt für Schritt mit der Erstellung

Ihrer ersten Mindmap und geben praktische Tipps und
Beispiele, die Ihnen den Einstieg erleichtern.

Teil 2

Anwendung von Mind Mapping im Alltag

Kapitel 4

Persönliches Leben

Mind Mapping kann ein unschätzbares Werkzeug für die Verwaltung verschiedener Aspekte Ihres Privatlebens sein. Von täglichen Routinen über die Planung von Mahlzeiten bis hin zur Festlegung persönlicher Ziele – Mindmaps können Ihnen dabei helfen, organisiert, konzentriert und produktiv zu bleiben. In diesem Kapitel erfahren Sie, wie Sie mithilfe von Mind Mapping Ihre täglichen Aktivitäten optimieren und Ihre persönlichen Ziele erreichen können.

Verwalten von täglichen Routinen und Aufgaben

Tägliche Routinen und Aufgaben können überwältigend sein, insbesondere für Menschen mit ADHS, die möglicherweise Probleme mit der Organisation und dem Zeitmanagement haben. Mind Mapping kann Ihnen helfen, Ihre täglichen Aufgaben zu visualisieren und zu strukturieren, sodass sie leichter zu bewältigen und weniger entmutigend sind.

1. **Erstellen einer Tagesablauf Karte**

○ Beginnen Sie mit einem zentralen Knoten mit der Bezeichnung „Tagesablauf".

○ Verzweigen Sie in verschiedene Kategorien wie „Morgenroutine", „Nachmittags Aufgaben", „Abendroutine" und „Nächtliche Entspannung".

○ Listen Sie unter jeder Kategorie bestimmte Aufgaben oder Aktivitäten auf. Unter „Morgenroutine" könnten Sie beispielsweise „Aufwachen", „Sport", „Duschen", „Frühstück" und „Planen Sie den Tag" einschließen.

○ Verwenden Sie Farben und Symbole, um Aufgaben zu unterscheiden und Prioritäten hervorzuheben.

2. **Wöchentliche Aufgaben visualisieren**

○ Erstellen Sie eine separate Mindmap für wöchentliche Aufgaben.

○ Beginnen Sie mit einem zentralen Knoten mit der Bezeichnung „Wöchentliche Aufgaben".

○ Verzweigen Sie in Wochentage, z. B. Montag, Dienstag usw.

o Listen Sie unter jedem Tag die Aufgaben auf, die erledigt werden müssen, z. B.Wäsche, Lebensmitteleinkauf, Staubsauger und Müllentsorgung.

o Weisen Sie jedem Tag oder jeder Aufgabenart bestimmte Farben zu, um die Karte optisch ansprechender und leichter verständlich zu gestalten.

3. **Zeitschätzungen einbeziehen**

o Fügen Sie jeder Aufgabe oder Hausarbeit die geschätzte Zeitdauer hinzu, um das Zeitmanagement zu erleichtern.

o Dies kann erreicht werden, indem neben jeder Aufgabe kleine Notizen oder Symbole eingefügt werden, die angeben, wie lange sie dauern wird.

o Dieser Ansatz hilft Ihnen, Ihren Tag effektiver zu planen und verhindert, dass Zeit für weniger wichtige Aktivitäten verloren geht.

Essensplanung und Lebensmitteleinkauf

Essensplanung und Lebensmitteleinkauf können mit Hilfe von Mind Mapping viel organisierter und effizienter werden. So können Sie Mindmaps verwenden, um diese Prozesse zu optimieren:

1. **Mindmap zur Essensplanung**

   o Beginnen Sie mit einem zentralen Knoten mit der Bezeichnung „Mahlzeitenplanung".
   o Verzweigen Sie in verschiedene Wissenskategorien wie „Frühstück", „Mittagessen", „Abendessen" und „Snacks".
   o Listen Sie unter jeder Kategorie spezifische Mahlzeiten oder Rezepte auf, die Sie für die Woche zubereiten möchten.
   o Sie können jede Mahlzeit mit den benötigten Zutaten, Kochanweisungen und besonderen Hinweisen (z. B. diätetischen Einschränkungen oder Vorlieben) weiter verzweigen.

2. **Einkaufsliste für Lebensmittel**

   o Erstellen Sie eine Mindmap für Ihre Einkaufsliste.
   o Beginnen Sie mit einem zentralen Knoten mit der Bezeichnung „Lebensmitteleinkauf".

- Verzweigen Sie in verschiedene Bereiche des Lebensmittelgeschäfts, z. B. „Erzeugnisse", „Milchprodukte", „Fleisch", „Vorrats Artikel" und „Haushaltsbedarf".
- Listen Sie in jedem Abschnitt die Artikel auf, die Sie kaufen müssen.
- Mit dieser Methode können Sie Ihre Einkaufsliste strukturiert visualisieren, sodass Sie sich leichter im Geschäft zurechtfinden und keine Artikel vergessen.

3. Integration von Speiseplänen und Einkaufslisten

- Kombinieren Sie Ihre Mindmap für die Essensplanung mit Ihrer Einkaufsliste.
- Beginnen Sie mit einem zentralen Knoten mit der Bezeichnung „Wöchentliche Mahlzeiten und Lebensmittel".
- Verzweigen Sie in Wochentage oder Essen Kategorien.
- Listen Sie unter jedem Tag oder jeder Kategorie die Mahlzeiten auf, die Sie zubereiten möchten, und die entsprechenden Zutaten.

- Erstellen Sie aus den Zutaten Zweige, die zu den Abschnitten Ihrer Einkaufsliste führen.
- Dieser integrierte Ansatz stellt sicher, dass Sie über alle notwendigen Zutaten für Ihre Mahlzeiten verfügen und optimiert Ihr Einkaufserlebnis.

Persönliche Zielsetzung und -verfolgung

Das Setzen und Verfolgen persönlicher Ziele kann eine Herausforderung sein, aber Mindmapping kann eine klare und motivierende Möglichkeit bieten, Ihre Ziele und Fortschritte zu visualisieren.

1. **Zielsetzungs-Mindmap**

- Beginnen Sie mit einem zentralen Knoten mit der Bezeichnung „Persönliche Ziele".
- Verzweigen Sie sich in verschiedene Bereiche Ihres Lebens, zum Beispiel „Gesundheit", „Karriere", „Bildung", „Hobbys" und „Beziehungen".
- Listen Sie unter jedem Bereich spezifische Ziele auf, die Sie erreichen möchten. Unter „Gesundheit" könnten Sie beispielsweise „3 Mal pro Woche Sport treiben", „Mehr Gemüse essen" und „Täglich meditieren" einschließen.

o Verwenden Sie Farben und Bilder, um jedes Ziel darzustellen und so die Karte optisch ansprechend und inspirierend zu gestalten.

2.   Ziele aufschlüsseln

o Erstellen Sie für jedes Ziel Unterzweige, die die zum Erreichen dieses Ziels erforderlichen Schritte aufschlüsseln.

o Beispielsweise können Sie unter „Dreimal pro Woche trainieren" Unterschritte wie „In ein Fitnessstudio gehen", „Trainingsplan erstellen" und „Fortschritte verfolgen" einschließen.

o Dieser Ansatz hilft Ihnen, die umsetzbaren Schritte zu erkennen, die zum Erreichen Ihrer Ziele erforderlich sind, und sorgt dafür, dass sie sich erreichbarer anfühlen.

3.   Fortschritt verfolgen

o Erstellen Sie eine Mindmap, um Ihren Fortschritt bei jedem Ziel zu verfolgen.

o Beginnen Sie mit einem zentralen Knoten mit der Bezeichnung „Zielverfolgung".

o Verzweigen Sie sich zu jedem Ziel, das Sie sich gesetzt haben, und listen Sie unter jedem Ziel die Meilensteine oder Kontrollpunkte auf, die Sie erreichen müssen.

- o Verwenden Sie Symbole oder Farben, um Ihren Fortschritt anzuzeigen, z. B. Grün für abgeschlossene Aufgaben, Gelb für laufende Aufgaben und Rot für Aufgaben, die Aufmerksamkeit erfordern.
- o Aktualisieren Sie Ihre Mindmap regelmäßig, um Ihre Fortschritte widerzuspiegeln, und passen Sie Ihre Pläne bei Bedarf an.

4.   **Überprüfen und reflektieren**

- o Überprüfen Sie regelmäßig Ihre Zielsetzungs-Mindmap, um über Ihre Erfolge und Verbesserungsmöglichkeiten nachzudenken.
- o Verwenden Sie einen zentralen Knoten mit der Bezeichnung „Reflexion" mit Zweigen für „Erfolge", „Herausforderungen" und „Nächste Schritte".
- o Listen Sie unter „Erfolge" die Ziele auf, die Sie erreicht haben, und feiern Sie Ihre Erfolge.

- o Notieren Sie unter „Herausforderungen" alle Hindernisse, auf die Sie gestoßen sind, und überlegen Sie, wie Sie diese überwinden können.
- o Unter „Nächste Schritte" skizzieren Sie Ihre Pläne für die Fortsetzung Ihres Fortschritts und die Festlegung neuer Ziele.

Indem Sie Mind Mapping in Ihr Privatleben integrieren, können Sie einen visuellen und strukturierten Ansatz für die Verwaltung von Tagesabläufen, Essensplanung und Zielsetzung erstellen. Diese Methode hilft Ihnen nicht nur, organisiert und konzentriert zu bleiben, sondern nutzt auch Ihre kreativen Stärken und macht Ihre persönliche Reise angenehmer und erfüllender.

Kapitel 5

Professionelles Leben

Mind Mapping ist ein vielseitiges Tool, das Ihr Berufsleben erheblich bereichern kann, indem es Ihnen hilft, Aufgaben zu organisieren, die Kreativität zu steigern und das Zeitmanagement zu verbessern. In diesem Kapitel werden wir untersuchen, wie Sie Mind Mapping am Arbeitsplatz einsetzen können, um produktiv, innovativ und effizient zu bleiben.

Organisieren von Aufgaben und Projekten bei der Arbeit

In einem professionellen Umfeld ist es wichtig, organisiert zu bleiben, um Ihre Arbeitsbelastung effektiv zu bewältigen. Mithilfe von Mind Mapping können Sie komplexe Projekte in überschaubare Aufgaben aufteilen und Ihren Fortschritt verfolgen.

1. **Aufgabenmanagement-Mindmap**

   - Beginnen Sie mit einem zentralen Knoten mit der Bezeichnung „Arbeitsaufgaben" oder „Projektname".
   - Verzweigen Sie in verschiedene Aufgabenkategorien, z. B. „Sofortige

Aufgaben", „Anstehende Fristen", „Laufende Projekte" und „Langfristige Ziele".

- o Listen Sie unter jeder Kategorie spezifische Aufgaben auf, die erledigt werden müssen. Unter „Sofortige Aufgaben" könnten Sie beispielsweise „E-Mail-Updates senden", „Besprechung Agenda vorbereiten" und „Bericht senden" einschließen.
- o Verwenden Sie Farben, um zwischen Aufgabenkategorien und Prioritätsstufen zu unterscheiden.

2. **Projektplanung**

- o Erstellen Sie für jedes größere Projekt, an dem Sie arbeiten, eine separate Mindmap.
- o Beginnen Sie mit einem zentralen Knoten, der mit dem Projektnamen beschriftet ist.
- o Verzweigen Sie in Schlüsselkomponenten des Projekts, wie „Forschung", „Entwicklung", „Testen", „Marketing" und „Einführung".
- o Listen Sie unter jeder Komponente die Aufgaben und Meilensteine auf, die zum Abschluss dieser Projektphase erforderlich sind.

o Geben Sie für jede Aufgabe Fristen und verantwortliche Teammitglieder an, damit alle verantwortlich sind und den Überblick behalten.

3. **Fortschrittsverfolgung**

o Verwenden Sie Mindmaps, um den Fortschritt Ihrer Aufgaben und Projekte zu verfolgen.

o Beginnen Sie mit einem zentralen Knoten mit der Bezeichnung „Progress Tracker".

o Verzweigen Sie in die einzelnen Projekt- oder Aufgabenkategorien.

o Listen Sie unter jedem Zweig die Aufgaben und ihren aktuellen Status auf (z. B. nicht gestartet, in Bearbeitung, abgeschlossen).

o Aktualisieren Sie die Mindmap regelmäßig, um Ihre Fortschritte widerzuspiegeln, und nehmen Sie bei Bedarf Anpassungen vor.

Förderung von Kreativität und Brainstorming

Kreativität und Innovation sind in vielen Berufsfeldern von entscheidender Bedeutung. Mind Mapping kann

Brainstorming-Sitzungen erleichtern und Ihnen dabei helfen, Ideen effektiv zu generieren und zu organisieren.

1. **Brainstorming-Sitzungen**

   o Beginnen Sie mit einem zentralen Knoten mit der Bezeichnung „Brainstorming-Sitzung" oder dem spezifischen Thema, über das Sie ein Brainstorming durchführen.

   o Verzweigen Sie in verschiedene Kategorien zum Thema, z. B. „Ideen", „Herausforderungen", „Lösungen" und „Ressourcen".

   o Fügen Sie unter jeder Kategorie Unterzweige für bestimmte Ideen, Herausforderungen oder Lösungen hinzu. Unter „Ideen" können Sie beispielsweise verschiedene Strategien oder Konzepte auflisten.

   o Fördern Sie den freien Gedankenfluss, indem Sie den Teilnehmern ermöglichen, Zweige und Unterzweige ohne Einschränkungen hinzuzufügen.

2. **Ideengenerierung**

   o Verwenden Sie Mindmaps, um einzelne Ideen zu erkunden und zu erweitern.

- o Beginnen Sie mit einem zentralen Knoten, der mit der Kernidee beschriftet ist.
- o Verzweigen Sie in verwandte Unter Ideen, Fragen und mögliche Aktionen.
- o Listen Sie unter jeder Unter Idee weitere Details, mögliche Ergebnisse und zusätzliche Gedanken auf.
- o Diese Methode hilft Ihnen, den vollen Umfang einer Idee zu erkunden und neue Blickwinkel und Möglichkeiten zu entdecken.

3. **Kollaboratives Mindmapping**

- o Nutzen Sie Mindmapping-Tools, die eine Zusammenarbeit in Echtzeit für Team-Brainstorming-Sitzungen ermöglichen.
- o Beginnen Sie mit einem gemeinsamen zentralen Knoten, der mit dem Brainstorming-Thema beschriftet ist.
- o Bitten Sie die Teammitglieder, mit ihren Ideen und Beiträgen Zweige und Unterzweige hinzuzufügen.
- o Verwenden Sie Farben und Symbole, um verschiedene Mitwirkende darzustellen und Ideen zu kategorisieren.

o Dieser kollaborative Ansatz stellt sicher, dass alle Perspektiven berücksichtigt werden, und fördert das Engagement des Teams.

Zeitmanagement und Priorisierung

Effektives Zeitmanagement und Priorisierung sind für den beruflichen Erfolg unerlässlich. Mind Mapping kann Ihnen dabei helfen, Ihre Zeit sinnvoll einzuteilen und Aufgaben effizient zu priorisieren.

1. **Tages- und Wochenpläne**

   o Erstellen Sie eine Mindmap für Ihren Tages- oder Wochenplan.
   o Beginnen Sie mit einem zentralen Knoten mit der Bezeichnung „Tagesplan" oder Wochenplan.
   o Verzweigen Sie in Wochentage oder bestimmte Zeitblöcke (z. B. „Morgen", „Nachmittag", „Abend").
   o Listen Sie unter jedem Zweig die für diesen Zeitraum geplanten Aufgaben und Aktivitäten auf. Berücksichtigen Sie Fristen, Besprechungen und Pausen.
   o Verwenden Sie Farben, um dringende Aufgaben und Prioritäten hervorzuheben.

2. **Prioritäts Zuordnung**

- Nutzen Sie Mindmaps, um Ihre Aufgaben und Verantwortlichkeiten zu priorisieren.
- Beginnen Sie mit einem zentralen Knoten mit der Bezeichnung „Prioritäten".
- Verzweigen Sie in Kategorien wie „Hohe Priorität", „Mittlere Priorität" und „Niedrige Priorität".
- Listen Sie unter jeder Kategorie die Aufgaben auf, die in diese Prioritätsstufe fallen.
- Weisen Sie jeder Aufgabe Fristen und geschätzte Fertigstellung Zeiten zu, um das Zeitmanagement zu erleichtern.

3. **Zeit Blockierung**

- Erstellen Sie eine Mindmap, um Ihre Zeitblöcke für verschiedene Aufgaben und Aktivitäten zu visualisieren.
- Beginnen Sie mit einem zentralen Knoten mit der Bezeichnung „Zeit Blockierung".
- Verzweigen Sie in verschiedene Kategorien wie „Arbeit", „Besprechungen", „Pausen" und „Persönliche Zeit".
- Listen Sie unter jeder Kategorie die Aufgaben und Aktivitäten auf, die Sie

innerhalb bestimmter Zeitblöcke erledigen möchten.

○ Diese Methode hilft Ihnen, gezielte Zeit für konzentriertes Arbeiten einzuplanen, Ablenkungen zu minimieren und die Produktivität zu steigern.

4. **Projekt Zeitleiste Zuordnung**

○ Verwenden Sie Mindmaps, um Projektzeitpläne und Meilensteine zu erstellen.

○ Beginnen Sie mit einem zentralen Knoten mit der Bezeichnung „Projekt Zeitleiste".

○ Verzweigen Sie in verschiedene Phasen des Projekts, z. B. „Planung", „Ausführung", „Überprüfung" und „Abschluss".

○ Listen Sie unter jeder Phase die wichtigsten Aufgaben, Fristen und Meilensteine auf.

○ Beziehen Sie Abhängigkeiten und kritische Pfade ein, um sicherzustellen, dass Sie auf dem richtigen Weg bleiben und Projekt Fristen einhalten.

Durch die Integration von Mind Mapping in Ihr Berufsleben können Sie Aufgaben und Projekte effektiver organisieren, Ihre Kreativität steigern und Ihr Zeitmanagement verbessern. Dieser strukturierte und dennoch flexible Ansatz ermöglicht es Ihnen, Ihre Arbeit zu visualisieren, Aufgaben zu priorisieren und sich auf Ihre Ziele zu konzentrieren.

Kapitel 6

Akademische Aktivitäten

Mind Mapping kann ein leistungsstarkes Werkzeug für Studenten und lebenslange Lernende sein und das Notizen Machen, Lernen, das Schreiben von Aufsätzen und die Prüfungsvorbereitung verbessern. In diesem Kapitel werden wir untersuchen, wie Sie Mind Mapping nutzen können, um in Ihren akademischen Aktivitäten erfolgreich zu sein.

Notizen- und Lerntechniken

Effektives Notizen Machen und Lernen sind entscheidend für den akademischen Erfolg. Mind Mapping kann die Art und Weise, wie Sie Informationen erfassen und überprüfen, verändern.

1. **Mind Mapping zum Notieren**

   o **Notizen erstellen:**
      - Beginnen Sie mit einem zentralen Knoten, der mit dem Thema oder dem Titel der Vorlesung beschriftet ist.
      - Verzweigen Sie in die Hauptideen oder Abschnitte, die im Unterricht

oder im Lesematerial behandelt werden.

- Fügen Sie unter jedem Zweig Unterzweige für spezifische Details, Beispiele und wichtige Punkte hinzu.

- Verwenden Sie Farben, Symbole und Bilder, um wichtige Informationen hervorzuheben und die Karte optisch ansprechender zu gestalten.

- **Notizen überprüfen**:

  - Verwenden Sie Ihre Mindmaps, um Ihr Verständnis des Materials zu überprüfen und zu festigen.

  - Überprüfen Sie Ihre Karten regelmäßig und fügen Sie bei Bedarf neue Informationen hinzu oder klären Sie Punkte.

  - Fassen Sie Schlüsselkonzepte in einzelnen Zweigen zusammen, um Ihr Wissen zu festigen.

2. **Lernen mit Mind Maps**

- **Organisation von Studien Sitzungen:**

  - Erstellen Sie eine Mindmap, um Ihre Lern Sitzungen zu organisieren.

- Beginnen Sie mit einem zentralen Knoten mit der Bezeichnung „Studienplan".
- Verzweigen Sie sich in verschiedene Fächer oder Themen, die Sie studieren müssen.
- Listen Sie unter jedem Zweig spezifische Lernaktivitäten auf, z. B. das Lesen von Kapiteln, das Lösen von Problemen oder das Ansehen von Vorlesungen.
- Weisen Sie jeder Aktivität Zeitfenster und Fristen zu, um ausgewogene und effektive Lern Sitzungen zu gewährleisten.

- **Zusammenhänge visualisieren**:
  - Verwenden Sie Mindmaps, um Zusammenhänge zwischen Konzepten zu visualisieren.
  - Beginnen Sie mit einem zentralen Knoten, der mit einem allgemeinen Thema oder Thema beschriftet ist.
  - Verzweigen Sie in verwandte Unterthemen, Theorien oder Prinzipien.
  - Zeigen Sie, wie unterschiedliche Konzepte miteinander in

Zusammenhang stehen, was Ihr Verständnis und die Erinnerung an den Stoff verbessern kann.

Planung und Schreiben von Aufsätzen oder Berichten

Mind Mapping kann den Prozess des Planens, Organisierens und Verfassens von Aufsätzen oder Berichten rationalisieren und so die Erstellung gut strukturierter und kohärenter Arbeiten erleichtern.

1. **Planen Sie Ihren Aufsatz oder Bericht**

   - **Brainstorming-Ideen**:
     - Beginnen Sie mit einem zentralen Knoten, der mit Ihrem Aufsatz- oder Bericht Thema beschriftet ist.
     - Verzweigen Sie sich in verschiedene Ideen, Argumente oder Themen, die Sie erkunden möchten.
     - Fügen Sie unter jeder Idee Unterzweige für unterstützende Punkte, Beweise und Beispiele hinzu.
     - Dieser Brainstorming-Prozess hilft Ihnen, eine breite Palette von

Ideen zu generieren und die überzeugendsten für Ihre Arbeit auszuwählen.

- ○ **Organisationsstruktur**:
  - ■ Erstellen Sie eine Mindmap, um die Struktur Ihres Aufsatzes oder Berichts zu skizzieren.
  - ■ Beginnen Sie mit einem zentralen Knoten mit der Bezeichnung „Gliederung".
  - ■ Verzweigen Sie in Hauptabschnitte wie „Einleitung", „Hauptteil" und „Schlussfolgerung".
  - ■ Listen Sie in jedem Abschnitt die wichtigsten Punkte auf, die Sie behandeln möchten, und geben Sie die Reihenfolge an, in der sie angezeigt werden.
  - ■ Diese visuelle Gliederung hilft Ihnen, einen logischen Ablauf aufrechtzuerhalten und stellt sicher, dass alle wichtigen Punkte berücksichtigt werden.

2. **Den Aufsatz oder Bericht schreiben**

- ○ **Abschnitte entwickeln**:

- Nutzen Sie Ihre Gliederungs-Mindmap als Leitfaden für die Entwicklung jedes Abschnitts Ihres Aufsatzes oder Berichts.
- Beginnen Sie mit der Einleitung und gehen Sie dabei auf die in Ihrer Mindmap aufgeführten Punkte ein.
- Fahren Sie mit dem Hauptteil fort und nutzen Sie jeden Zweig und Unterzweig, um Ihre Absätze zu strukturieren und Ihre Argumente zu untermauern.
- Fassen Sie abschließend die Hauptpunkte zusammen und bekräftigen Sie Ihre These oder Ihr Ziel.
- **Überarbeiten und Bearbeiten**:
  - Erstellen Sie eine Mindmap, um Ihren Überarbeitungs- und Bearbeitungsprozess zu planen.
  - Beginnen Sie mit einem zentralen Knoten mit der Bezeichnung „Revisionsplan".
  - Verzweigen Sie sich in verschiedene Aspekte Ihrer Arbeit, wie zum Beispiel „Inhalt",

„Struktur", „Grammatik" und „Stil".

- Listen Sie unter jedem Zweig spezifische Aufgaben zur Überarbeitung und Verbesserung Ihrer Arbeit auf, z. B. die Überprüfung auf Klarheit, die Neuorganisation von Abschnitten und die Korrektur von Fehlern.
- Dieser strukturierte Ansatz gewährleistet einen gründlichen und effizienten Revisionsprozess.

Vorbereitung auf Prüfungen

Die Prüfungsvorbereitung kann stressig sein, aber Mind Mapping kann Ihnen dabei helfen, Ihre Lernmaterialien zu organisieren, Schlüsselkonzepte zu überprüfen und Informationen effektiver zu behalten.

1. **Erstellen von Studienführern**

   - **Inhalte zusammenfassen**:
     - Beginnen Sie mit einem zentralen Knoten, der mit dem Prüfungsfach oder -thema beschriftet ist.
     - Verzweigen Sie in die Hauptthemen oder -einheiten, die im Kurs behandelt werden.

- Fügen Sie unter jedem Thema Unterzweige für Schlüsselkonzepte, Definitionen, Formeln und wichtige Details hinzu.
- Verwenden Sie Farben und Bilder, um wichtige Informationen hervorzuheben und den Studienführer einprägsamer zu machen.

- **Zuordnung früherer Prüfungen**:
  - Erstellen Sie eine Mindmap basierend auf früheren Prüfungsfragen oder -themen.
  - Beginnen Sie mit einem zentralen Knoten mit der Bezeichnung „Vorherige Prüfungen".
  - Verzweigen Sie in verschiedene Abschnitte, die jeweils eine frühere Prüfung oder eine Reihe von Fragen darstellen.
  - Listen Sie unter jedem Abschnitt die behandelten Fragen oder Themen auf und fügen Sie Zweige für die Antworten oder relevanten Informationen hinzu.
  - Diese Vorgehensweise hilft Ihnen, Muster zu erkennen und sich auf

Bereiche zu konzentrieren, die wahrscheinlich getestet werden.

2. Informationen überprüfen und aufbewahren

- **Aktive Rückruf Praxis:**
    - Verwenden Sie Mind Maps, um das aktive Erinnern zu üben, eine bewährte Technik zur Verbesserung des Gedächtnisses.
    - Beginnen Sie mit einem zentralen Knoten mit der Bezeichnung „Überprüfung".
    - Gehen Sie auf wichtige Themen oder Fragen ein, an die Sie sich erinnern müssen.
    - Decken Sie die Unterzweige ab und versuchen Sie, die Informationen aus dem Gedächtnis abzurufen, bevor Sie Ihre Mindmap auf Richtigkeit überprüfen.
    - Diese Technik stärkt Ihre Erinnerungsfähigkeit und stärkt Ihr Verständnis des Materials.
- **Abstand Wiederholung:**

- Erstellen Sie eine Mindmap, um Ihren Zeitplan für räumliche Wiederholungen zu planen.
- Beginnen Sie mit einem zentralen Knoten mit der Bezeichnung „Spaced Repetition".
- Verzweigen Sie in verschiedene Lern Sitzungen, die jeweils ein Überprüfungsintervall darstellen (z. B. ein Tag, eine Woche, ein Monat).
- Listen Sie unter jeder Sitzung die Themen oder Konzepte auf, die Sie überprüfen müssen.
- Durch räumliche Wiederholungen können Sie Ihr Wissen in optimalen Abständen vertiefen und so die langfristige Speicherung verbessern.

3. **Praxistests und Simulationen**

- **Prüfungsbedingungen simulieren**:
  - Verwenden Sie Mindmaps, um Übungstests zu erstellen und Prüfungsbedingungen zu simulieren.

- Beginnen Sie mit einem zentralen Knoten mit der Bezeichnung „Übungstest".
- Verzweigen Sie in verschiedene Abschnitte, die jeweils einen Teil der Prüfung darstellen (z. B. Multiple Choice, Aufsätze, Problemlösung).
- Listen Sie unter jedem Abschnitt Übungsfragen oder -probleme auf.
- Machen Sie den Übungstest unter Zeitvorgaben, um sich an das Prüfungsformat zu gewöhnen und Ihr Zeitmanagement zu verbessern.

- **Analyse der Leistung**:
    - Erstellen Sie eine Mindmap, um Ihre Leistung bei Übungstests zu analysieren.
    - Beginnen Sie mit einem zentralen Knoten mit der Bezeichnung „Testanalyse".
    - Unterteilen Sie sich in verschiedene Aspekte Ihrer Leistung, z. B. „Stärken", „Schwächen", „Häufige Fehler" und „Bereiche mit Verbesserungspotenzial".

- Listen Sie unter jedem Zweig spezifische Beobachtungen und Maßnahmen auf, die Sie ergreifen können, um Ihre Leistung zu verbessern.
- Diese Analyse hilft Ihnen, Wissenslücken zu erkennen und Strategien zu deren Behebung zu entwickeln.

Indem Sie Mind Mapping in Ihre akademischen Aktivitäten integrieren, können Sie Ihre Notizen-, Lern-, Aufsatz Schrieb- und Prüfungsvorbereitung Techniken verbessern. Dieser visuelle und strukturierte Ansatz macht das Lernen ansprechender und effektiver und hilft Ihnen, akademischen Erfolg zu erzielen. Im nächsten Teil des Buches werden wir untersuchen, wie Mind Mapping auf die persönliche Entwicklung angewendet werden kann, und praktische Strategien anbieten, die Ihnen dabei helfen, ein ausgeglichenes und erfülltes Leben zu führen.

Teil 3

Persönliche Entwicklung durch Mind Mapping

Kapitel 7

Selbstfürsorge und Achtsamkeit

Selbstfürsorge und Achtsamkeit sind wesentliche Bestandteile der Aufrechterhaltung des allgemeinen Wohlbefindens, insbesondere für Frauen mit ADHS. Mind Mapping kann ein leistungsstarkes Werkzeug sein, um Selbstpflege Routinen zu planen und zu verfolgen und Ihre Stimmung und emotionalen Auslöser zu überwachen. In diesem Kapitel werden wir untersuchen, wie Sie Mind Mapping in Ihre Selbstpflege- und Achtsamkeit Praktiken integrieren können.

Verwenden von Mind Maps zur Planung von Selbstpflege Routinen

Die Schaffung einer strukturierten Selbstpflegeroutine kann Ihnen dabei helfen, Ihrem Wohlbefinden Priorität einzuräumen und sicherzustellen, dass Sie sich trotz der täglichen Verantwortung Zeit nehmen, sich selbst zu pflegen.

1. **Entwerfen Sie Ihre Selbstpflegeroutine**

   ○ **Erstellen einer Self-Care-Karte:**

- Beginnen Sie mit einem zentralen Knoten mit der Bezeichnung „Selbstpflegeroutine".
- Unterteilen Sie sich in verschiedene Kategorien der Selbstfürsorge, z. B. „Körperliche Gesundheit", „Psychische Gesundheit", „Emotionales Wohlbefinden", „Soziale Verbindungen" und „Freizeitaktivitäten".
- Listen Sie unter jeder Kategorie spezifische Selbstpflegeaktivitäten auf. Unter „Körperliche Gesundheit" könnten Sie beispielsweise „Sport", „Gesunde Ernährung", „Schlaf' und „Flüssigkeitszufuhr" einschließen.
- Nutzen Sie Farben und Symbole, um Kategorien zu unterscheiden und Aktivitäten hervorzuheben, die für Sie besonders wichtig sind.
  - **Tages- und Wochenplanung**:
    - Erstellen Sie separate Zweige für tägliche, wöchentliche und monatliche Selbstpflegeaktivitäten.

- Listen Sie unter „Täglich" Aktivitäten wie „Morning Stretch", „Meditation", „Gesundes Frühstück" und „Tagebuch schreiben" auf.
- Unter „Wöchentlich" finden Sie Aktivitäten wie „Yoga-Kurs", „Therapiesitzung", „Naturspaziergang" und „Treffen mit Freunden".
- Unter „Monatlich" können Sie Aktivitäten wie „Spa-Tag", „Buchclub" und „Persönliche Reflexion" auflisten.

2. **Selbstfürsorge Ziele setzen**

- **Kurzfristige und langfristige Ziele**:
    - Beginnen Sie mit einem zentralen Knoten mit der Bezeichnung „Self-Care-Ziele".
    - Verzweigen Sie in „Kurzfristige Ziele" und „Langfristige Ziele".
    - Listen Sie unter jedem Zweig spezifische Ziele auf. Ein kurzfristiges Ziel könnte beispielsweise „3 Mal pro Woche trainieren" lauten, während ein

langfristiges Ziel „Fünf Kilometer laufen" lauten könnte.

- o **Handlungsschritte**:
    - Erstellen Sie für jedes Ziel Unterzweige, die die zur Erreichung dieses Ziels erforderlichen Schritte beschreiben.
    - Beispielsweise könnten Sie unter „Dreimal pro Woche trainieren" Schritte wie „In ein Fitnessstudio gehen", „Trainingsplan erstellen" und „Fortschritte verfolgen" einschließen.
    - Dieser detaillierte Ansatz hilft Ihnen, Ihre Ziele in überschaubare Aufgaben herunterzubrechen und motiviert zu bleiben.

3. **Visualisieren Sie Ihre Self-Care-Reise**

- o **Fortschrittsverfolgung**:
    - Erstellen Sie eine Mindmap, um Ihre Fortschritte bei

Selbstpflegeaktivitäten und -zielen zu verfolgen.

- Beginnen Sie mit einem zentralen Knoten mit der Bezeichnung „Self-Care Progress".
- Verzweigen Sie in verschiedene Zeitrahmen, z. B. „Täglich", „Wöchentlich" und „Monatlich".
- Listen Sie unter jedem Zeitrahmen die Aktivitäten auf, die Sie abgeschlossen haben, sowie alle Beobachtungen und Überlegungen.
- Verwenden Sie Symbole oder Farben, um abgeschlossene Aktivitäten und erreichte Meilensteine anzuzeigen.

○ **Reflexion und Anpassung**:

- Überprüfen Sie regelmäßig Ihre Selbstfürsorge-Mindmap, um zu überlegen, was funktioniert und was angepasst werden muss.
- Erstellen Sie einen Zweig mit der Bezeichnung „Reflection" mit Unterzweigen für „Erfolge", „Herausforderungen" und „Verbesserungen".

- Listen Sie unter „Erfolge" die Aktivitäten und Ziele auf, die Sie erreicht haben.
- Notieren Sie unter „Herausforderungen" alle Schwierigkeiten oder Hindernisse, auf die Sie gestoßen sind.
- Beschreiben Sie unter „Verbesserungen" Änderungen oder neue Strategien zur Verbesserung Ihrer Selbst Pflegeroutine.

Stimmung und emotionale Auslöser verfolgen

Das Verständnis und der Umgang mit Ihrer Stimmung und Ihren emotionalen Auslösern ist entscheidend für die Aufrechterhaltung des geistigen und emotionalen Wohlbefindens. Mind Mapping kann Ihnen dabei helfen, Muster aufzuspüren und Bewältigungsstrategien zu entwickeln.

1. **Stimmung Verfolgung**

   o **Erstellen einer Stimmungskarte:**

- Beginnen Sie mit einem zentralen Knoten mit der Bezeichnung „Mood Tracker".
- Verzweigen Sie in verschiedene Stimmungen oder Emotionen, die Sie erleben, wie zum Beispiel „glücklich", „ängstlich", „traurig", „aufgeregt" und „frustriert".
- Listen Sie unter jeder Stimmung bestimmte Ereignisse, Situationen oder Aktivitäten auf, die diese Stimmung typischerweise auslösen.
- Verwenden Sie Farben, um unterschiedliche Stimmungen darzustellen, sodass die Karte visuell klar und leicht zu interpretieren ist.
  - **Tägliches Stimmungsprotokoll**:
    - Erstellen Sie eine tägliche Stimmungsprotokoll-Mindmap.
    - Beginnen Sie mit einem zentralen Knoten mit der Bezeichnung „Daily Mood Log".
    - Verzweigen Sie in Wochentage.
    - Listen Sie unter jedem Tag die vorherrschende(n) Stimmung(en) auf, die Sie erlebt haben, sowie

alle wichtigen Ereignisse oder Auslöser.

- Dieses tägliche Tracking hilft Ihnen, Muster zu erkennen und zu verstehen, wie verschiedene Faktoren Ihre Stimmung beeinflussen.

2. **Emotionale Auslöser identifizieren**

- **Auslöser zuordnen**:
  - Erstellen Sie eine Mindmap, die sich auf emotionale Auslöser konzentriert.
  - Beginnen Sie mit einem zentralen Knoten mit der Bezeichnung „Emotionale Auslöser".
  - Unterteilen Sie sich in verschiedene Kategorien von Auslösern, wie zum Beispiel „Arbeitsstress", „Beziehungsprobleme", „Gesundheitsbedenken", „Finanzielle Sorgen" und „Umweltfaktoren".
  - Listen Sie unter jeder Kategorie bestimmte Auslöser auf. Unter „Arbeitsstress" könnten Sie beispielsweise „Fristen", „Hohe

Arbeitsbelastung" und „Konflikte
mit Kollegen" einschließen.

- ○ **Bewältigungsstrategien entwickeln**:
    - Erstellen Sie für jeden Auslöser Unterzweige, die Bewältigungsstrategien beschreiben.
    - Unter „Fristen" könnten Sie beispielsweise Strategien wie „Aufgaben priorisieren", „Arbeit in kleinere Schritte aufteilen" und „Kurze Pausen einlegen" auflisten.
    - Dieser Ansatz hilft Ihnen, sich effektiv auf emotionale Auslöser vorzubereiten und diese zu bewältigen.

3. **Nachdenken über emotionale Muster**

- ○ **Erstellen einer Emotion Reflexionskarte:**
    - Beginnen Sie mit einem zentralen Knoten mit der Bezeichnung „Emotionale Reflexion".
    - Verzweigen Sie in verschiedene Zeitrahmen, z. B. „Täglich", „Wöchentlich" und „Monatlich".

- Listen Sie in jedem Zeitrahmen die vorherrschenden Emotionen auf, die Sie erlebt haben, sowie alle wichtigen Erkenntnisse oder Überlegungen.
- Verwenden Sie Symbole oder Farben, um wiederkehrende Muster oder bedeutende emotionale Veränderungen hervorzuheben.

- **Trends erkennen**:
  - Erstellen Sie eine Mindmap, um Trends in Ihren emotionalen Mustern zu erkennen.
  - Beginnen Sie mit einem zentralen Knoten mit der Bezeichnung „Emotion Trends".
  - Verzweigen Sie in verschiedene Kategorien wie „Positive Trends" und „Negative Trends".
  - Listen Sie unter jeder Kategorie spezifische Trends auf, die Ihnen aufgefallen sind. Unter „Positive Trends" könnten Sie beispielsweise „Mehr Zufriedenheit durch regelmäßige Bewegung" einschließen.

- Diese Analyse hilft Ihnen zu verstehen, wie verschiedene Faktoren Ihre Emotionen beeinflussen und Ihre Selbstfürsorge Strategien entsprechend anzupassen.

Indem Sie Mind Mapping in Ihre Selbstpflege- und Achtsamkeit Praktiken integrieren, können Sie strukturierte Routinen erstellen, Ihre Stimmung und emotionalen Auslöser verfolgen und effektive Bewältigungsstrategien entwickeln. Dieser visuelle und organisierte Ansatz hilft Ihnen, Ihr Wohlbefinden in den Vordergrund zu stellen und ein ausgeglichenes, erfülltes Leben zu führen.

Kapitel 8

Stressbewältigung

Stressbewältigung ist für die Aufrechterhaltung der geistigen und körperlichen Gesundheit von entscheidender Bedeutung, insbesondere für Frauen mit ADHS. Mind Mapping kann ein wertvolles Werkzeug zur Identifizierung von Stressfaktoren, zur Erforschung von Bewältigungsmechanismen und zur Organisation von Entspannungstechniken sein. In diesem Kapitel erfahren Sie, wie Sie mithilfe von Mind Mapping effektiv mit Stress umgehen können.

Identifizierung von Stressfaktoren und Bewältigungsmechanismen

Wenn Sie die Ursachen Ihres Stresses verstehen und Strategien zu seiner Bewältigung entwickeln, können Sie dessen Auswirkungen auf Ihr Leben erheblich reduzieren.

1. **Stressoren identifizieren**

   o **Erstellen einer Stressor-Karte**:
      - Beginnen Sie mit einem zentralen Knoten mit der Bezeichnung „Stressoren".

- Unterteilen Sie sich in verschiedene Kategorien von Stressfaktoren, z. B. „Arbeit", „Beziehungen", „Gesundheit", „Finanzen" und „Alltag".
- Listen Sie unter jeder Kategorie spezifische Stressfaktoren auf. Unter „Arbeit" könnten Sie beispielsweise „Fristen", „Überstunden", „Arbeitsbelastung" und „Konflikt mit Kollegen" angeben.
- Verwenden Sie Farben, um zwischen Kategorien zu unterscheiden und besonders schwere oder häufige Stressfaktoren hervorzuheben.

- **Stressfaktoren im Laufe der Zeit verfolgen**:
  - Erstellen Sie eine Mindmap, um Stressfaktoren im Laufe der Zeit zu verfolgen.
  - Beginnen Sie mit einem zentralen Knoten mit der Bezeichnung „Stress Tracker".
  - Verzweigen Sie in verschiedene Zeitrahmen, z. B. „Täglich", „Wöchentlich" und „Monatlich".

- Listen Sie unter jedem Zeitrahmen die Stressfaktoren auf, denen Sie begegnet sind, und deren Auswirkungen auf Ihre Stimmung und Ihr Wohlbefinden.
- Dieses Tracking hilft Ihnen, Muster zu erkennen und zu verstehen, wie verschiedene Faktoren Ihr Stressniveau beeinflussen.

2. Erforschung von Bewältigungsmechanismen

- **Bewältigungsstrategien abbilden**:
  - Beginnen Sie mit einem zentralen Knoten mit der Bezeichnung „Bewältigungsmechanismen".
  - Unterteilen Sie sich in verschiedene Kategorien von Bewältigungsstrategien, wie „Körperliche Aktivitäten", „Mentale Techniken", „Emotionale Unterstützung" und „Praktische Lösungen".
  - Listen Sie unter jeder Kategorie spezifische Strategien auf. Unter „Körperliche Aktivitäten" könnten Sie beispielsweise „Übung",

„Yoga", „Gehen" und „Tiefes Atmen" einschließen.

- Verwenden Sie Farben und Symbole, um verschiedene Arten von Bewältigungsmechanismen und ihre Wirksamkeit darzustellen.

- **Personalisierung von Bewältigungsstrategien**:
  - Erstellen Sie eine Mindmap, um Ihre Bewältigungsstrategien zu personalisieren.
  - Beginnen Sie mit einem zentralen Knoten mit der Bezeichnung „Meine Bewältigungsstrategien".
  - Unterteilen Sie sich in verschiedene Stressfaktoren oder Stress Kategorien.
  - Listen Sie unter jedem Zweig die Bewältigungsmechanismen auf, die Ihrer Meinung nach zur Bewältigung dieses bestimmten Stressors wirksam sind.
  - Dieser personalisierte Ansatz hilft Ihnen, einen maßgeschneiderten Stressbewältigungsplan zu entwickeln, der für Sie am besten funktioniert.

Erstellen einer Mind Map für Entspannungstechniken

Entspannungstechniken sind unerlässlich, um Stress abzubauen und das allgemeine Wohlbefinden zu fördern. Mind Mapping kann Ihnen dabei helfen, verschiedene Entspannungsmethoden zu erkunden und zu organisieren.

1. **Entspannungstechniken erforschen**

   o **Erstellen einer Entspannungskarte:**
      - Beginnen Sie mit einem zentralen Knoten mit der Bezeichnung „Entspannungstechniken".
      - Unterteilen Sie sich in verschiedene Kategorien von Entspannungsmethoden, wie zum Beispiel „Körperliche Entspannung", „Geistige Entspannung", „Sensorische Entspannung" und „Kreative Entspannung".
      - Listen Sie unter jeder Kategorie spezifische Techniken auf. Unter „Körperliche Entspannung" könnten Sie beispielsweise „Progressive

Muskelentspannung", „Dehnung", „Massage" und „Warmbad" einschließen.

- Verwenden Sie Farben und Symbole, um zwischen Kategorien zu unterscheiden und Techniken hervorzuheben, die Sie als besonders beruhigend empfinden.

o **Detaillierung Techniken:**

- Erstellen Sie für jede Entspannungstechnik Unterzweige, die die Schritte oder Komponenten der Technik beschreiben.

- Unter „Progressive Muskelentspannung" könnten Sie beispielsweise Schritte wie „Suchen Sie einen ruhigen Ort", „Bequem sitzen oder liegen", „Muskelgruppen anspannen" und „Muskelgruppen entspannen" auflisten.

- Dieser detaillierte Ansatz hilft Ihnen, jede Technik effektiv zu verstehen und zu üben.

2. **Planung von Entspannungs Sitzungen**

- ○ **Entspannungszeit einplanen**:
  - ■ Erstellen Sie eine Mindmap, um Entspannung Sitzungen zu planen und zu planen.
  - ■ Beginnen Sie mit einem zentralen Knoten mit der Bezeichnung „Entspannungsspiel".
  - ■ Verzweigen Sie in verschiedene Zeitrahmen, z. B. „Täglich", „Wöchentlich" und „Monatlich".
  - ■ Listen Sie unter jedem Zeitrahmen die Entspannungstechniken auf, die Sie praktizieren möchten, und die spezifischen Zeiten, die Sie ihnen widmen werden.
  - ■ Diese Planung stellt sicher, dass Sie sich regelmäßig Zeit zum Entspannen und Auftanken nehmen.
- ○ **Techniken kombinieren**:
  - ■ Nutzen Sie eine Mindmap, um verschiedene Entspannungstechniken zu einer umfassenden Entspannung Routine zu kombinieren.
  - ■ Beginnen Sie mit einem zentralen Knoten mit der Bezeichnung „Entspannung Routine".

- Verzweigen Sie in verschiedene Zeitblöcke, z. B. „Morgen", „Nachmittag" und „Abend".
- Listen Sie unter jedem Zeitblock die Entspannungstechniken auf, die Sie praktizieren möchten.
- Ihre „Morgen"-Routine könnte beispielsweise „Meditation" und „Stretching" umfassen, während Ihre „Abend"-Routine „Warmbad" und „Lesen" umfassen könnte.
- Dieser umfassende Ansatz hilft Ihnen, Entspannung in Ihren Alltag zu integrieren.

3. Nachdenken über Entspannungstechniken

- o **Erstellen einer Reflexionskarte**:
    - Beginnen Sie mit einem zentralen Knoten mit der Bezeichnung „Relaxation Reflection".
    - Verzweigen Sie in verschiedene Zeitrahmen, z. B. „Täglich", „Wöchentlich" und „Monatlich".
    - Listen Sie unter jedem Zeitrahmen die von Ihnen praktizierten Entspannungstechniken und deren Auswirkungen auf Ihr

Stressniveau und Ihr Wohlbefinden auf.

- Verwenden Sie Symbole oder Farben, um die Wirksamkeit jeder Technik und alle geplanten Anpassungen anzuzeigen.

o **Identifizieren von Trends und Anpassungen**:

- Erstellen Sie eine Mindmap, um Trends zu erkennen und Anpassungen an Ihren Entspannungstechniken vorzunehmen.

- Beginnen Sie mit einem zentralen Knoten mit der Bezeichnung „Entspannung Trends".

- Verzweigen Sie in verschiedene Kategorien, z. B. „Effektivste Techniken", „Weniger effektive Techniken" und „Neue Techniken zum Ausprobieren".

- Listen Sie unter jeder Kategorie spezifische Beobachtungen und Anpassungen auf. Unter „Die effektivsten Techniken" könnten Sie beispielsweise „Tiefes Atmen vor dem Schlafengehen" einschließen.

- Diese Analyse hilft Ihnen, Ihre Entspannung Praktiken zu verfeinern und herauszufinden, was für Sie am besten funktioniert.

Indem Sie Mind Mapping in Ihre Stressbewältigung Praktiken integrieren, können Sie Stressfaktoren identifizieren, wirksame Bewältigungsmechanismen entwickeln und verschiedene Entspannungstechniken erkunden. Dieser strukturierte und visuelle Ansatz hilft Ihnen, Stress effektiver zu bewältigen und fördert einen ausgewogenen und gesunden Lebensstil.

Kapitel 9

Aufbau gesunder Beziehungen

Gesunde Beziehungen sind für das emotionale Wohlbefinden und das allgemeine Glück von entscheidender Bedeutung, insbesondere für Frauen mit ADHS, die möglicherweise vor besonderen Herausforderungen in der Kommunikation und Beziehungsdynamik stehen. Mindmapping kann ein wirkungsvolles Werkzeug sein, um Kommunikationsstrategien zu verbessern und Beziehungsdynamiken zu verstehen. In diesem Kapitel erfahren Sie, wie Sie mithilfe von Mind Mapping gesunde Beziehungen fördern.

Kommunikationsstrategien entwerfen

Effektive Kommunikation ist die Grundlage jeder gesunden Beziehung. Mindmapping kann Ihnen dabei helfen, Strategien zur Verbesserung Ihrer Kommunikationsfähigkeiten zu entwickeln und zu visualisieren.

1. **Kommunikationsstile identifizieren**

   o **Erstellen einer Kommunikationsstil Karte:**

- Beginnen Sie mit einem zentralen Knoten mit der Bezeichnung „Kommunikationsstile".
- Verzweigen Sie sich in verschiedene Kommunikationsstile, wie zum Beispiel „durchsetzungsfähig", „passiv", „aggressiv" und „passiv-aggressiv".
- Listen Sie unter jedem Stil Merkmale und Beispiele auf. Unter „Durchsetzungsfähig" könnten Sie beispielsweise „Bedürfnisse klar zum Ausdruck bringen", „Respektiert andere" und „Hält Augenkontakt" angeben.
- Verwenden Sie Farben und Symbole, um zwischen den Stilen zu unterscheiden und den Stil hervorzuheben, den Sie übernehmen möchten.
- **Selbsteinschätzung**:
    - Erstellen Sie eine Mindmap, um Ihren aktuellen Kommunikationsstil einzuschätzen.

- Beginnen Sie mit einem zentralen Knoten mit der Bezeichnung „Mein Kommunikationsstil".
- Verzweigen Sie sich in verschiedenen Situationen, zum Beispiel „Bei der Arbeit", „Mit der Familie", „mit Freunden" und „Im Konflikt".
- Listen Sie für jede Situation Ihr typisches Kommunikationsverhalten auf und identifizieren Sie Muster oder Bereiche mit Verbesserungsbedarf.

2. Entwicklung effektiver Kommunikationstechniken

- **Kommunikationstechniken abbilden**:
  - Beginnen Sie mit einem zentralen Knoten mit der Bezeichnung „Kommunikationstechniken".
  - Verzweigen Sie sich in verschiedene Techniken wie „Aktives Zuhören", „Klarer Ausdruck", „Nonverbale Kommunikation" und „Feedback".

- Listen Sie unter jeder Technik spezifische Strategien auf. Unter „Aktives Zuhören" könnten Sie beispielsweise „Augenkontakt halten", „Nicken, um Verständnis zu zeigen" und „Beschreiben, um Verständnis zu bestätigen" einschließen.
- Verwenden Sie Farben und Symbole, um wichtige Strategien und Techniken hervorzuheben.

○ **Kommunikationspläne erstellen**:

- Verwenden Sie eine Mindmap, um Kommunikationspläne für bestimmte Situationen zu entwickeln.
- Beginnen Sie mit einem zentralen Knoten mit der Bezeichnung „Kommunikationsplan".
- Verzweigen Sie in verschiedene Szenarien, zum Beispiel „Bedürfnisse besprechen", „Konflikte lösen" und „Feedback geben".
- Listen Sie für jedes Szenario die Schritte und Techniken auf, die Sie für eine effektive

Kommunikation verwenden werden.

- Unter „Konflikte lösen" könnten Sie beispielsweise Schritte wie „Ruhe bewahren", „Aktiv zuhören", „Gefühle klar zum Ausdruck bringen" und „Eine für beide Seiten vorteilhafte Lösung suchen" einschließen.

3. Verbesserung der nonverbalen Kommunikation

- **Nonverbale Hinweise zuordnen**:
    - Erstellen Sie eine Mindmap, um nonverbale Kommunikation Hinweise zu erkunden.
    - Beginnen Sie mit einem zentralen Knoten mit der Bezeichnung „Nonverbale Kommunikation".
    - Verzweigen Sie sich in verschiedenen Arten nonverbaler Hinweise, wie „Körpersprache", „Gesichtsausdruck", „Gesten" und „Tonfall".
    - Listen Sie unter jedem Typ spezifische Hinweise und ihre Bedeutung auf. Unter „Körpersprache" könnten Sie

beispielsweise „Verschränkte Arme (defensiv)“, „Offene Haltung (rezeptiv)“ und „Nach vorne gebeugt (Interesse)“ einschließen.

- Verwenden Sie Bilder oder Symbole, um jeden Hinweis visuell darzustellen.

o **Nonverbale Kommunikation üben**:

- Erstellen Sie eine Mindmap, um Ihre nonverbalen Kommunikationsfähigkeiten zu üben und zu verbessern.

- Beginnen Sie mit einem zentralen Knoten mit der Bezeichnung „Nonverbale Praxis“.

- Verzweigen Sie in verschiedene Bereiche, wie zum Beispiel „Augenkontakt“, „Haltung“, „Gesten“ und „Gesichtsausdruck“.

- Listen Sie unter jedem Bereich spezifische Übungen oder Übungen auf. Unter „Augenkontakt“ könnten Sie beispielsweise „Augenkontakt für 5 Sekunden halten“, „Übung mit einem Spiegel“ und „Andere beobachten“ einschließen.

- Dieser strukturierte Ansatz hilft Ihnen, Ihre nonverbale Kommunikation zu verbessern und Ihre Interaktionen effektiver zu gestalten.

Beziehungsdynamik verstehen

Wenn Sie die Dynamik Ihrer Beziehungen verstehen, können Sie diese effektiver steuern und gesündere Verbindungen fördern.

1. **Beziehungsdynamik abbilden**

   - **Erstellen einer Beziehungskarte**:
     - Beginnen Sie mit einem zentralen Knoten mit der Bezeichnung „Beziehungsdynamik".
     - Verzweigen Sie in verschiedene Arten von Beziehungen, zB. „Familie", „Freunde", „Romantische Partner" und „Kollegen".
     - Listen Sie unter jedem Typ die wichtigsten Dynamiken und Interaktionen auf. Unter „Familie" könnten Sie beispielsweise „Erwartungen der Eltern", „Geschwisterrivalität" und

„Kommunikationsmuster"
einschließen.

- Verwenden Sie Farben und Symbole, um positive und negative Dynamiken darzustellen.

○ **Analyse von Beziehungsmustern**:

- Erstellen Sie eine Mindmap, um Muster in Ihren Beziehungen zu analysieren.

- Beginnen Sie mit einem zentralen Knoten mit der Bezeichnung „Beziehungsmuster".

- Verzweigen Sie sich in verschiedene Faktoren wie „Kommunikation", „Konflikt", „Unterstützung" und „Grenzen".

- Listen Sie unter jedem Faktor spezifische Muster auf, die Sie in verschiedenen Beziehungen beobachtet haben.

- Unter „Konflikt" könnten Sie beispielsweise Muster wie „Vermeidung in Liebesbeziehungen" oder „Häufiger Streit mit Geschwistern" bemerken.

- Diese Analyse hilft Ihnen, Verbesserungsmöglichkeiten zu

identifizieren und die zugrunde liegende Dynamik Ihrer Beziehungen zu verstehen.

2. **Grenzen setzen**

- **Grenzen abbilden**:
    - Beginnen Sie mit einem zentralen Knoten mit der Bezeichnung „Grenzen festlegen".
    - Verzweigen Sie sich in verschiedene Bereiche, in denen Sie Grenzen setzen müssen, z. B. „Emotional", „Physisch", „Zeit" und „Persönlicher Raum".
    - Listen Sie unter jedem Bereich spezifische Grenzen auf. Unter „Emotional" könnten Sie beispielsweise „Gefühle offen ausdrücken", „Negative Interaktionen begrenzen" und „Gegenseitigen Respekt suchen" einschließen.
    - Verwenden Sie Farben und Symbole, um verschiedene Arten von Grenzen und deren Bedeutung darzustellen.
- **Grenzen kommunizieren**:

- Erstellen Sie eine Mindmap, um zu planen, wie Sie Ihre Grenzen kommunizieren.

- Beginnen Sie mit einem zentralen Knoten mit der Bezeichnung „Communicating Boundaries".

- Verzweigen Sie sich in verschiedene Szenarios, zum Beispiel „Mit der Familie", „Mit Freunden", „Bei der Arbeit" und „In romantischen Beziehungen".

- Listen Sie für jedes Szenario die Schritte und Strategien auf, mit denen Sie Ihre Grenzen klar und deutlich kommunizieren werden.

- Unter „Bei der Arbeit" könnten Sie beispielsweise Schritte wie „Besprechung vereinbaren", „Grenze erläutern", „Gründe angeben" und „Einigung einholen" einschließen.

- Dieser strukturierte Ansatz hilft Ihnen, Ihre Grenzen effektiv zu kommunizieren und sicherzustellen, dass sie respektiert werden.

3.   Verbesserung der Beziehungsqualität

- ○ **Beziehungsziele abbilden**:
  - ■ Beginnen Sie mit einem zentralen Knoten mit der Bezeichnung „Beziehungsziele".
  - ■ Verzweigen Sie in verschiedene Arten von Beziehungen, z. B. „Familie", „Freunde", „Romantische Partner" und „Kollegen".
  - ■ Listen Sie unter jedem Typ spezifische Ziele auf, die Sie erreichen möchten. Unter „Freunde" könnten Sie beispielsweise „Mehr Zeit miteinander verbringen", „Unterstützender sein" und „Konflikte einvernehmlich lösen" einschließen.
  - ■ Verwenden Sie Farben und Symbole, um kurzfristige und langfristige Ziele darzustellen.
- ○ **Beziehung Aktivitäten planen**:
  - ■ Erstellen Sie eine Mindmap, um Aktivitäten zu planen, die die Qualität Ihrer Beziehungen verbessern.

- Beginnen Sie mit einem zentralen Knoten mit der Bezeichnung „Beziehungs Aktivitäten".
- Verzweigen Sie in verschiedene Arten von Aktivitäten, wie zum Beispiel „Qualitätszeit", „Unterstützende Maßnahmen", „Konfliktlösung" und „Feiern".
- Listen Sie unter jedem Typ spezifische Aktivitäten auf. Unter „Quality Time" könnten Sie beispielsweise „Wöchentliche Kaffee Termine", „Gemeinsame Hobbys" und „Regelmäßiges Einchecken" angeben.
- Diese Planung hilft Ihnen, Prioritäten zu setzen und in Aktivitäten zu investieren, die Ihre Beziehungen stärken.

Indem Sie Mind Mapping in Ihre Praktiken zum Beziehungsaufbau integrieren, können Sie die Kommunikation verbessern, Beziehungsdynamiken verstehen und gesündere Verbindungen fördern. Dieser strukturierte und visuelle Ansatz hilft Ihnen, Beziehungen effektiver zu steuern und fördert das emotionale Wohlbefinden und das allgemeine Glück.

Teil 4

Erfolgsgeschichten aus dem wirklichen Leben

Kapitel 10

Interviews mit Frauen, die Mind Mapping nutzen

In diesem Kapitel werden wir die wahren Erfolgsgeschichten von Frauen mit unterschiedlichem Hintergrund untersuchen, die die Kraft des Mind Mapping genutzt haben, um ihr Leben zu verändern. Diese Interviews verdeutlichen die vielfältigen Auswirkungen von Mindmapping auf persönliche, berufliche und akademische Ziele und bieten Inspiration und praktische Einblicke für Ihre eigene Reise.

Erfolgsgeschichten mit unterschiedlichem Hintergrund

1. **Sarah: Die Unternehmerin**

    o **Hintergrund**: Sarah ist eine erfolgreiche Unternehmerin, die ihre eigene Marketingagentur betreibt. Als Sarah Ende 20 mit ADHS diagnostiziert wurde, hatte sie Schwierigkeiten, ihre Gedanken zu ordnen und ihr Geschäft effizient zu führen.

- **Herausforderungen**:
    - Schwierigkeiten, Aufgaben zu priorisieren
    - Überfordern Sie sich mit dem Projektmanagement
    - Kommunikation Herausforderungen mit ihrem Team

- **Wie Mind Mapping geholfen hat**:
    - **Aufgabenpriorisierung**: Sarah nutzt Mindmaps, um ihre täglichen und wöchentlichen Aufgaben aufzuschlüsseln. Sie beginnt mit einem zentralen Knotenpunkt für die Woche und verzweigt sich dann zu Kundenprojekten, internen Aufgaben und persönlichen Verpflichtungen. Diese visuelle Organisation hilft ihr, effektiv Prioritäten zu setzen.

- **Projektmanagement**: Für jedes Kundenprojekt erstellt Sarah eine detaillierte Mindmap, die den Projektzeitplan, Meilensteine, Ergebnisse und Teamverantwortungen umreißt. Diese Struktur sorgt dafür, dass ihr Team aufeinander abgestimmt ist und Projekte auf Kurs bleiben.
- **Teamkommunikation**: Sarah führt mit ihrem Team Brainstorming-Sitzungen mithilfe von Mindmaps durch. Dieses kollaborative Tool ermöglicht es jedem, Ideen einzubringen und den Projektfortschritt zu visualisieren, wodurch die Kommunikation und Zusammenarbeit insgesamt verbessert wird.

- **Auswirkungen auf das Leben**: Mindmapping hat es Sarah ermöglicht, ihr Unternehmen effektiver zu führen, Stress zu reduzieren und eine produktivere und kohärentere Teamumgebung zu schaffen.

2. **Emily: Die Doktorandin**

○ **Hintergrund**: Emily ist eine Doktorandin der Psychologie, bei der während ihres Grundstudiums ADHS diagnostiziert wurde. Sie stand vor der Herausforderung, organisiert zu bleiben, ihre Kursarbeiten zu verwalten und sich auf Prüfungen vorzubereiten.

○ **Herausforderungen**:
- Organisation umfangreicher Forschungsmaterialien
- Planung und Schreiben einer Abschlussarbeit
- Prüfungsvorbereitung

○ **Wie Mind Mapping geholfen hat**:
- **Forschungsorganisation**: Emily verwendet Mindmaps, um ihre Forschungsmaterialien zu organisieren. Sie erstellt einen zentralen Knoten für das Thema ihrer Abschlussarbeit und

verzweigt ihn in verschiedene Unterthemen, wobei sie unter jedem Zweig wichtige Artikel, Theorien und Ergebnisse auflistet. Diese Methode ermöglicht es ihr, Zusammenhänge zwischen verschiedenen Informationen zu erkennen und ihre Literaturrecherche effektiv zu strukturieren.

- **Abschlussarbeit Planung:** Für ihre Abschlussarbeit erstellt Emily eine detaillierte Mindmap, die jedes Kapitel und jeden Abschnitt skizziert. Sie unterteilt jeden Teil in kleinere Aufgaben wie Literaturrecherche, Methodik, Datenanalyse und Diskussion. Diese Aufschlüsselung hilft ihr, ihre Zeit einzuteilen und stetig Fortschritte zu machen.

- **Prüfungsvorbereitung:** Emily erstellt Mindmaps für jedes Thema und fasst Schlüsselkonzepte, Theorien und wichtige Details zusammen. Diese visuelle Zusammenfassung hilft ihr, die Informationen effizienter zu überprüfen und sich besser zu merken.

- o **Auswirkungen auf das Leben**: Mind Mapping hat Emily geholfen, organisiert zu bleiben, ihre akademische Arbeitsbelastung zu bewältigen und akademische Erfolge mit weniger Stress und mehr Selbstvertrauen zu erzielen.

3. **Lily: Die berufstätige Mutter**

- o **Hintergrund**: Lily ist eine berufstätige Mutter von zwei Kindern, die ihre Karriere im Finanzwesen mit familiären Verpflichtungen unter einen Hut bringt. Als Lily mit Anfang 30 ADHS diagnostizierte, hatte sie Schwierigkeiten, Beruf und Privatleben unter einen Hut zu bringen.

- o **Herausforderungen**:
  - Zeitmanagement zwischen Beruf und Familie
  - Familienaktivitäten und Verantwortlichkeiten planen

- Hausarbeiten verwalten
  - **Wie Mind Mapping geholfen hat**:
    - **Zeiteinteilung**: Lily nutzt Mindmaps, um ihren Wochenplan zu planen. Sie erstellt einen zentralen Knotenpunkt für die Woche und verzweigt ihn in Arbeitsaufgaben, Familienaktivitäten und Privatzeit. Dies hilft ihr, ihre Zeit effektiv einzuteilen und sorgt für eine Balance zwischen Berufs- und Privatleben.
    - **Familienplanung**: Für Familienaktivitäten und -pflichten erstellt Lily eine Mindmap, die Zweige für den Zeitplan, die Aufgaben und Aktivitäten jedes Familienmitglieds enthält. Dieser kollaborative Ansatz hilft ihrer Familie, organisiert zu bleiben und stellt sicher, dass jeder seine Verantwortung kennt.
    - **Haushaltsführung**: Lily erstellt Mindmaps für Hausarbeiten und unterteilt diese in tägliche, wöchentliche und monatliche Aufgaben. Diese visuelle

Organisation hilft ihr, den Haushalt effizienter zu verwalten und Aufgaben an Familienmitglieder zu delegieren.

- **Auswirkungen auf das Leben**: Mind Mapping ermöglicht es Lily , eine bessere Work-Life-Balance zu erreichen, Überforderung zu reduzieren und ein organisiertes und harmonischeres Familienleben zu schaffen.

4. **Maya: Die kreative Profi**

- **Hintergrund**: Maya ist eine freiberufliche Grafikdesignerin. Als sie als Teenager ADHS diagnostizierte, stand Maya vor der Herausforderung, sich auf Projekte zu konzentrieren, Termine einzuhalten und ihre Kreativität zu fördern.

- **Herausforderungen**:
    - Konzentrieren Sie sich weiterhin auf Designprojekte
    - Einhaltung der Fristen des Kunden
    - Anregende kreative Ideen

○ **Wie Mind Mapping geholfen hat**:

- **Projekt Fokus:** Maya verwendet Mindmaps, um jedes Designprojekt zu skizzieren. Sie erstellt einen zentralen Knotenpunkt für das Projekt und verzweigt in Kundenanforderungen, Design Ideen, Zeitpläne und Ergebnisse. Diese Struktur hält sie konzentriert und stellt sicher, dass sie die Erwartungen der Kunden erfüllt.

- **Terminmanagement**: Für jedes Projekt erstellt Maya eine detaillierte Timeline-Mindmap. Sie unterteilt das Projekt in Phasen und Aufgaben und weist ihnen jeweils Fristen zu. Dieser visuelle Plan hilft ihr, auf dem richtigen Weg zu bleiben und Fristen konsequent einzuhalten.

- **Kreativität fördern**: Maya verwendet Mindmaps für das Brainstorming von Designideen. Sie beginnt mit einem zentralen

Thema und verzweigt sich in verschiedene Konzepte, Farbschemata und Designelemente. Diese frei fließende Visualisierung regt ihre Kreativität an und hilft ihr, einzigartige Ideen zu entwickeln.

- ○ **Auswirkungen auf das Leben**: Mind Mapping hat Maya geholfen, sich auf ihre Projekte zu konzentrieren, ihre Zeit effektiv zu verwalten und ihre Kreativität zu steigern, was zu einer erfolgreichen freiberuflichen Karriere geführt hat.

Wie sich Mind Mapping auf ihr Leben ausgewirkt hat

Die Erfolgsgeschichten von Sarah, Emily, Lily und Maya zeigen die transformative Kraft von Mind Mapping für Frauen mit ADHS. Durch die Integration von Mind Mapping in ihre täglichen Routinen konnten diese Frauen:

- **Verbessern Sie die Organisation**: Mindmapping bietet eine visuelle und strukturierte Möglichkeit, Aufgaben, Projekte und Verantwortlichkeiten zu organisieren, wodurch Überforderung reduziert und die Effizienz verbessert wird.

- **Verbessern Sie das Zeitmanagement**: Durch die Aufteilung von Aufgaben und die Planung von Aktivitäten hilft Mind Mapping dabei, die Zeit effektiver zu verwalten und für ein Gleichgewicht zwischen verschiedenen Lebensbereichen zu sorgen.

- **Steigern Sie die Kreativität**: Mind Mapping regt kreatives Denken und die Generierung von Ideen an und erleichtert so das Brainstorming und die Entwicklung innovativer Lösungen.

- **Kommunikation stärken**: Mind Mapping ermöglicht eine klarere und effektivere Kommunikation, sei es im beruflichen Umfeld oder in persönlichen Beziehungen.

- **Ziele erreichen**: Durch die Festlegung klarer Ziele und die Darstellung umsetzbarer Schritte hilft Mind Mapping Frauen mit ADHS, konzentriert und motiviert zu bleiben, was zur erfolgreichen Verwirklichung ihrer Ziele führt.

Diese Geschichten verdeutlichen, dass Mind Mapping nicht nur ein Werkzeug zur Organisation, sondern eine wirksame Strategie für persönliches und berufliches Wachstum ist. In den nächsten Kapiteln werden wir weitere Beispiele aus dem wirklichen Leben untersuchen und praktische Tipps geben, wie Sie Mind Mapping auf

verschiedene Aspekte Ihres Lebens anwenden können,
um Sie auf Ihrer ADHS-Reise zu unterstützen.

Kapitel 11

Persönliche Zeugnisse

In diesem Kapitel präsentieren wir anonyme Berichte von Lesern, die Mind Mapping als Werkzeug zur Bewältigung ihrer ADHS genutzt haben. Diese persönlichen Erfahrungsberichte bieten praktische Tipps, gewonnene Erkenntnisse und Ratschläge für Neueinsteiger. Jede Geschichte spiegelt die einzigartigen Herausforderungen und Siege wider, die Frauen mit ADHS erlebt haben, und zeigt, wie vielfältig Mind Mapping in das tägliche Leben integriert werden kann.

Anonyme Berichte und Tipps von Lesern

1.   **Konto 1: Der vielbeschäftigte Profi**

     o   **Herausforderungen:** Eine anspruchsvolle Karriere mit dem Privatleben in Einklang bringen.

     o   **Wie Mind Mapping geholfen hat:**
         ■   **Tägliches Aufgabenmanagement:** „Ich verwende eine tägliche Mindmap,

um meine Aufgaben aufzulisten. Jeden Tag beginne ich mit einem zentralen Knoten, der mit dem Datum beschriftet ist, und verzweige mich in verschiedene Kategorien: Arbeit, Persönlich und Besorgungen. Diese Struktur hilft mir, meinen Tag zu visualisieren und Aufgaben zu priorisieren ."

- **Besprechungsvorbereitung**: „Vor wichtigen Besprechungen erstelle ich eine Mindmap, um die Tagesordnung, die wichtigsten Punkte und die Fragen, die ich stellen muss, zu skizzieren. Diese Vorbereitung gibt mir mehr Selbstvertrauen und stellt sicher, dass ich nichts Wichtiges vergesse."

- **Tipps**: „Fangen Sie klein an. Verwenden Sie Mind Mapping zunächst für tägliche Aufgaben und erweitern Sie es, sobald Sie damit vertraut sind, auf größere Projekte. Halten Sie Ihre Karten außerdem einfach und übersichtlich, damit Sie sich nicht überfordert fühlen."

2. **Konto 2: Die Hausfrau**

○ **Herausforderungen**: Haushaltspflichten bewältigen und Kinder betreuen.

○ **Wie Mind Mapping geholfen hat**:
- **Aufgabenmanagement**: „Ich habe eine Mindmap für Hausarbeiten erstellt, unterteilt in tägliche, wöchentliche und monatliche Aufgaben. Jedes Familienmitglied hat seinen eigenen Zweig mit zugewiesenen Aufgaben. Dieser visuelle Zeitplan macht es für jeden einfacher, seine Verantwortlichkeiten zu verstehen."
- **Familienaktivitäten**: „Wir verwenden Mindmaps, um Familienaktivitäten und Ausflüge zu planen. Jede Karte enthält potenzielle Aktivitäten, Orte und notwendige Vorbereitungen.

Dadurch macht die Planung Spaß und ist für die ganze Familie spannend.“

○ **Tipps**: „Beziehen Sie Ihre Familie in den Prozess ein. Wenn alle zur Mindmap beitragen, entsteht ein Gefühl der gemeinsamen Verantwortung und Aufgaben werden weniger belastend.“

3. **Konto 3: Der Student**

○ **Herausforderungen**: Den Überblick über Kursarbeiten und Prüfungsvorbereitung behalten.

○ **Wie Mind Mapping geholfen hat**:
  ■ **Studienpläne**: „Ich verwende Mindmaps, um Studienpläne für jedes Fach zu erstellen. Ich beginne mit dem Fachnamen in der Mitte und verzweige mich in Themen, Unterthemen und Schlüsselkonzepte. Das hilft mir,

das Gesamtbild zu sehen und stellt sicher, dass ich alle notwendigen Materialien abdecke." "

- **Aufsatzschreiben**: „Bei Aufsatzaufgaben skizziere ich meine These, Hauptargumente und unterstützende Beweise mithilfe einer Mindmap. Diese Methode sorgt dafür, dass mein Schreiben konzentriert und gut strukturiert bleibt."

- **Tipps**: „Verwenden Sie unterschiedliche Farben für verschiedene Zweige, um Themen visuell zu trennen. Das macht Ihre Mindmap ansprechender und erleichtert die Navigation während der Lernsitzungen."

4. **Konto 4: Der Künstler**

- **Herausforderungen**: Kreative Projekte verwalten und Inspiration finden.

- **Wie Mind Mapping geholfen hat**:

- **Projektplanung**: „Ich skizziere jedes Kunstprojekt, beginnend mit einem zentralen Thema und verzweige mich dann zu Materialien, Techniken und Fristen. Das hilft mir, organisiert zu bleiben und meinen Fortschritt zu verfolgen."

- **Ideengenerierung**: „Wenn ich nach Inspiration suche, erstelle ich Mindmaps, um ein Brainstorming zu Themen und Konzepten durchzuführen. "Jeder Zweig untersucht eine andere Idee, was meine Kreativität anregt."

- **Tipps**: „Haben Sie keine Angst davor, dass Ihre Mindmaps chaotisch und farbenfroh sind. Der kreative Prozess kann chaotisch sein, und Mindmaps sollten das widerspiegeln. "Nutzen Sie sie als Raum, um Ideen frei zu erkunden."

Lessons Learned und Ratschläge für Neulinge

1. **Nutzen Sie Flexibilität**

   - **Lektion**: „Mind Maps sind unglaublich flexibel. Sie können so detailliert oder so einfach sein, wie Sie es benötigen. Machen Sie sich keine Sorgen, dass es perfekt wird; lassen Sie Ihre Mind Maps mit Ihnen weiterentwickeln."
   - **Beratung**: „Beginnen Sie mit einer einfachen Karte für eine einzelne Aufgabe oder ein einzelnes Projekt. "Je vertrauter Sie werden, desto mehr Details und Komplexität können Sie hinzufügen."

2. **Konsistenz ist der Schlüssel**

   - **Lektion**: „Konsistenz bei der Verwendung von Mindmaps ist entscheidend. "Je häufiger Sie sie verwenden, desto natürlicher und effektiver werden sie."
   - **Beratung**: „Machen Sie Mind Mapping zur täglichen Gewohnheit. "Nehmen Sie sich jeden Tag ein paar Minuten Zeit, um

Ihre Karten zu aktualisieren und Ihre Aufgaben zu planen."

3. **Personalisieren Sie Ihre Mind Maps**

○ **Lektion**: „Mindmaps sollten Ihren persönlichen Stil und Ihre Vorlieben widerspiegeln. "Passen Sie sie an Ihre Bedürfnisse an."

○ **Beratung**: „Verwenden Sie Farben, Symbole und Bilder, die Sie ansprechen. "Diese Personalisierung macht Mind Mapping angenehmer und aussagekräftiger."

4. **Integrieren Sie Mind Maps mit anderen Tools**

○ **Lektion**: „Mind Maps können zur Steigerung der Effektivität in andere Organisations Tools wie Kalender und Aufgabenlisten integriert werden."

○ **Beratung**: „Verwenden Sie Mind Maps zum Brainstorming und Planen und übertragen Sie dann umsetzbare Elemente in Ihren Kalender oder Aufgaben Manager. Diese Integration sorgt dafür, dass Sie organisiert und auf dem Laufenden bleiben."

5. **Nutzen Sie Mind Maps zur Reflexion**

- o **Lektion**: „Mindmaps dienen nicht nur der Planung, sie eignen sich auch hervorragend zum Nachdenken und Überprüfen."
- o **Beratung**: „Erstellen Sie Mindmaps, um über abgeschlossene Projekte oder persönliche Ziele nachzudenken. Analysieren Sie, was gut funktioniert hat und was verbessert werden könnte. "Diese Übung hilft Ihnen, zu lernen und zu wachsen."

Im nächsten Kapitel werden wir uns mit fortgeschrittenen Mind-Mapping-Techniken befassen und untersuchen, wie wir die Vorteile dieses leistungsstarken Tools in verschiedenen Aspekten des Lebens maximieren können.

Teil 5

Beginnen Sie mit Ihrer eigenen Mind Mapping-Reise

Kapitel 12

Schritt-für-Schritt-Anleitung zum Erstellen Ihrer ersten Mind Map

Der Beginn Ihrer Mindmapping-Reise kann eine aufregende und transformative Erfahrung sein. In diesem Kapitel finden Sie eine Schritt-für-Schritt-Anleitung zur Erstellung Ihrer ersten Mindmap mit ausführlichen Anleitungen, Beispielen und Tipps zur Überwindung erster Hürden. Ganz gleich, ob Sie mit Mindmapping noch nicht vertraut sind oder Ihre Fähigkeiten verfeinern möchten, diese praktischen Schritte bringen Sie auf den Weg zum Erfolg.

Detaillierte Anleitungen und Beispiele

1. **Wählen Sie Ihr Thema**

   - **Fangen Sie einfach an**: Wählen Sie ein Thema aus, das unkompliziert und für Ihre aktuellen Bedürfnisse relevant ist. Dies kann eine tägliche Aufgabenliste, ein Projektplan oder ein Brainstorming von Ideen für ein persönliches Ziel sein.

- ○ **Beispiel**: Lassen Sie uns eine Mindmap für die Planung eines Wochenend Ausflugs erstellen.

2. **Sammeln Sie Ihre Materialien**

- ○ **Werkzeuge benötigt**: Sie können eine Mindmap mit Papier und Farbstiften erstellen oder digitale Tools wie Mindmapping-Software oder Apps verwenden.
- ○ **Beispiele für digitale Tools**: MindMeister, XMind, MindNode und FreeMind.

3. **Erstellen Sie den zentralen Knoten**

- ○ **Beginnen Sie im Zentrum**: Schreiben Sie in die Mitte Ihrer Seite oder digitalen Leinwand das Hauptthema. Dieser zentrale Knoten ist der Ausgangspunkt Ihrer Mind Map.
- ○ **Beispiel**: Schreiben Sie „Wochenendausflug" in die Mitte und zeichnen Sie einen Kreis darum.

4. **Hauptzweige hinzufügen**

- o **Identifizieren Sie Schlüsselkategorien**: Denken Sie über die Hauptkategorien nach, die sich auf Ihr Thema beziehen. Dies sind die Zweige der ersten Ebene, die vom zentralen Knoten ausgehen.
- o **Beispiel**: Für die „Wochenendreise" haben Sie möglicherweise Zweige wie „Reiseziel", „Unterkunft", „Aktivitäten" und „Packliste".

5. **Erweitern Sie mit Unter Zweigen**

- o **Kategorien aufschlüsseln**: Fügen Sie für jeden Hauptzweig Unterzweige hinzu, um die Kategorie in kleinere, spezifischere Details zu unterteilen.
- o **Beispiel**: Fügen Sie unter „Ziel" Unterzweige wie „Stadt", „Transport" und „Reisezeit" hinzu. Fügen Sie unter „Unterkunft" „Hotel Optionen", „Buchungsdetails" und „Budget" hinzu.

6. **Verwenden Sie Farben und Bilder**

- o **Verbessern Sie die visuelle Attraktivität**: Verwenden Sie für jeden Zweig unterschiedliche Farben, um Ihre

Mindmap optisch ansprechend zu gestalten und die Navigation zu erleichtern. Fügen Sie Bilder oder Symbole hinzu, um wichtige Punkte darzustellen.

- ○ **Beispiel**: Verwenden Sie Blau für den Zweig „Ziel", Grün für „Unterkunft" usw. Fügen Sie neben „Packliste" ein Bild eines Koffers hinzu.

7.   **Überprüfen und überarbeiten**

- ○ **Auf Vollständigkeit prüfen**: Überprüfen Sie Ihre Mindmap, um sicherzustellen, dass alle relevanten Details enthalten sind. Überarbeiten Sie und fügen Sie bei Bedarf weitere Zweige oder Unterzweige hinzu.
- ○ **Beispiel**: Stellen Sie sicher, dass Sie alle Aspekte Ihrer Reiseplanung abgedeckt haben, von den Reisevorbereitungen bis hin zum Packen des Nötigsten.

Tipps zur Überwindung anfänglicher Hürden

1.   **Fangen Sie klein und einfach an**

- ○ **Beratung**: Beginnen Sie mit einem kleinen, überschaubaren Thema, um sich nicht überfordert zu fühlen. Wenn Sie mit Mind Mapping vertrauter werden, können Sie komplexere Themen angehen.
- ○ **Beispiel**: Beginnen Sie mit einer täglichen To-Do-Liste, bevor Sie mit der Projektplanung fortfahren.

2. **Übe regelmäßig**

- ○ **Beratung**: Machen Sie Mind Mapping zu einer regelmäßigen Praxis. Je öfter Sie es verwenden, desto natürlicher wird es. Nehmen Sie sich jeden Tag oder jede Woche Zeit, Mindmaps für verschiedene Zwecke zu erstellen.
- ○ **Beispiel**: Verwenden Sie Mind Mapping, um Ihren Wochenplan zu planen oder Ideen für ein neues Projekt zu sammeln.

3. **Experimentieren Sie mit verschiedenen Tools**

- ○ **Beratung**: Probieren Sie verschiedene Mindmapping-Tools aus, um dasjenige zu finden, das für Sie am besten geeignet ist. Experimentieren Sie mit papierbasierten und digitalen Optionen, um herauszufinden, welche Ihnen am besten gefällt.

- o **Beispiel**: Verwenden Sie für einige Mindmaps ein Notizbuch und Farbstifte und probieren Sie für andere digitale Apps wie MindMeister oder XMind aus.

4. **Streben Sie nicht nach Perfektion**

- o **Beratung**: Denken Sie daran, dass Mindmaps persönlich sind und so chaotisch oder ordentlich sein können, wie Sie möchten. Konzentrieren Sie sich darauf, Ihre Ideen festzuhalten, anstatt ein perfektes Bild zu erstellen.
- o **Beispiel**: Erlauben Sie sich, grobe Entwürfe zu erstellen und diese bei Bedarf später zu verfeinern.

5. **Verwenden Sie Vorlagen und Beispiele**

- o **Beratung**: Suchen Sie nach Mindmap-Vorlagen und Beispielen, um sich inspirieren zu lassen und die verschiedenen Möglichkeiten zur Strukturierung Ihrer Maps zu verstehen. Viele Mindmapping-Tools bieten vorgefertigte Vorlagen für verschiedene Zwecke.

○ **Beispiel**: Verwenden Sie eine Reiseplanungsvorlage als Ausgangspunkt für Ihre Wochenendausflug-Mindmap.

6. **Integrieren Sie Feedback**

○ **Beratung**: Wenn Sie Mindmaps für gemeinsame Projekte verwenden, holen Sie Feedback von anderen ein. Dies kann neue Perspektiven eröffnen und dabei helfen, Ihre Mind Maps zu verbessern.
○ **Beispiel**: Teilen Sie Ihre Projekt-Mindmap mit Kollegen und bitten Sie um deren Input und Vorschläge.

Beispiel: Erstellen einer Mindmap für einen Wochenendausflug

1. **Zentraler Knoten**: Schreiben Sie „Wochenendausflug" in die Mitte.
2. **Hauptzweige:**
    ○ **Ziel**: Stadt, Transport, Reisezeit
    ○ **Unterkunft**: Hotel Optionen, Buchungsdetails, Budget
    ○ **Aktivitäten**: Besichtigungen, Essen, Unterhaltung
    ○ **Packliste**: Kleidung, Toilettenartikel, Essentials
3. **Unterzweige:**

- ○ **Ziel**:
  - ■ Stadt: Paris
  - ■ Transport: Zug
  - ■ Reisezeit: 3 Stunden
- ○ **Unterkunft**:
  - ■ Hotel Optionen: Hilton, Marriott
  - ■ Buchungsdetails: Bestätigungsnummer, Check-in-Zeit
  - ■ Budget: 300 $
- ○ **Aktivitäten**:
  - ■ Besichtigung: Eiffelturm, Louvre-Museum
  - ■ Essen: Café de Flore, Le Jules Verne
  - ■ Unterhaltung: Bootsfahrt auf der Seine, Moulin Rouge
- ○ **Packliste**:
  - ■ Kleidung: Jeans, T-Shirts, Jacke
  - ■ Toilettenartikel: Zahnbürste, Shampoo
  - ■ Essentials: Reisepass, Geldbörse, Telefon Ladegerät

Wenn Sie diese Schritte und Tipps befolgen, können Sie effektive Mindmaps erstellen, die Ihnen dabei helfen,

Ihre Gedanken zu ordnen, Aufgaben zu verwalten und Ihre Ziele zu erreichen. Mind Mapping ist ein vielseitiges Tool, das an Ihre individuellen Bedürfnisse und Vorlieben angepasst werden kann und es Ihnen ermöglicht, das volle Potenzial Ihres Gehirns auszuschöpfen und Ihre ADHS-Reise selbstbewusst zu meistern.

Kapitel 13

Eine Mind-Mapping-Gewohnheit entwickeln

Die Entwicklung einer Gewohnheit zur Mindmapping-Methode kann für Frauen mit ADHS bahnbrechend sein. Die konsequente Einführung dieser Praxis wird Ihnen helfen, Ihre täglichen Aufgaben zu bewältigen, Stress zu reduzieren und die Gesamtproduktivität zu verbessern. Dieses Kapitel bietet Strategien zur Aufrechterhaltung von Beständigkeit und Motivation, zum Setzen realistischer Ziele und zum Feiern von Fortschritten.

Strategien für Konsistenz und Motivation

1. **Beginnen Sie mit einer Routine**

   o **Beratung**: Integrieren Sie Mind Mapping in Ihre tägliche oder wöchentliche Routine. Konsistenz ist der Schlüssel zur Entwicklung jeder neuen Gewohnheit.

   o **Beispiel**: Nehmen Sie sich jeden Morgen oder Abend 10–15 Minuten Zeit, um Ihre Mind Maps zu erstellen oder zu aktualisieren. Dies könnte Teil Ihrer

täglichen Planung oder Reflexionszeit
sein.

2.   **Verwenden Sie Erinnerungen und Alarme**

- o **Beratung**: Verwenden Sie Erinnerungen oder Alarme, um Sie zur Arbeit an Ihren Mind Maps aufzufordern. Konsequente Aufforderungen können dabei helfen, die Gewohnheit zu festigen.
- o **Beispiel**: Richten Sie auf Ihrem Telefon oder Kalender eine tägliche Erinnerung ein, um Zeit mit Mind Mapping zu verbringen. Beschriften Sie es als „Mind-Mapping-Zeit", um einen eigenen Raum für diese Aktivität zu schaffen.

3.   **Erstellen Sie einen dedizierten Raum**

- o **Beratung**: Bestimmen Sie einen bestimmten Ort für Mind Mapping. Ein einheitlicher Standort kann es einfacher machen, diesen Raum mit der Aktivität zu verknüpfen.
- o **Beispiel**: Richten Sie eine gemütliche Ecke mit einem bequemen Stuhl, einem Tisch und Ihren Mindmapping-Materialien ein. Wenn Sie

digitale Tools bevorzugen, halten Sie Ihr Gerät mit geöffneter Mindmapping-App bereit.

4. Integrieren Sie Mind Mapping in bestehende Gewohnheiten

- **Beratung**: Verknüpfen Sie Mind Mapping mit einer etablierten Gewohnheit, um die Übernahme zu erleichtern.
- **Beispiel**: Wenn Sie die Angewohnheit haben, morgens Kaffee zu trinken, kombinieren Sie dies mit einer kurzen Mindmapping-Sitzung. Mit der Zeit werden die beiden Aktivitäten auf natürliche Weise miteinander verbunden.

5. Sorgen Sie dafür, dass es Spaß macht und ansprechend ist

- **Beratung**: Machen Sie Mind Mapping unterhaltsam, indem Sie Farben, Bilder und kreative Elemente verwenden. Wenn Sie Spaß daran haben, steigern Sie Ihre Motivation, es regelmäßig zu tun.
- **Beispiel**: Verwenden Sie farbige Stifte, Aufkleber oder digitale Symbole, um Ihre

Mindmaps optisch ansprechend und ansprechend zu gestalten.

Realistische Ziele setzen und Fortschritte feiern

1. **Setzen Sie sich kleine, erreichbare Ziele**

   o **Beratung**: Beginnen Sie mit kleinen, überschaubaren Zielen, um Selbstvertrauen und Dynamik aufzubauen. Erhöhen Sie die Komplexität und den Umfang schrittweise, wenn Sie sich wohler fühlen.

   o **Beispiel**: Beginnen Sie mit der Mindmapping Ihrer täglichen Aufgaben. Sobald Sie damit einverstanden sind, können Sie mit der Planung von Projekten oder der Festlegung langfristiger Ziele fortfahren.

2. **Verfolge deinen Fortschritt**

   o **Beratung**: Verfolgen Sie Ihre Mindmapping-Aktivitäten, um Ihren Fortschritt zu überwachen und Verbesserungsmöglichkeiten zu identifizieren.

- o **Beispiel**: Führen Sie ein Tagebuch oder ein digitales Protokoll Ihrer Mind Maps. Überprüfen Sie es wöchentlich, um zu sehen, wie Sie vorankommen, und nehmen Sie gegebenenfalls Anpassungen vor.

3. **Feiern Sie Meilensteine**

- o **Beratung**: Feiern Sie Ihre Erfolge, egal wie klein. Wenn Sie Ihre Fortschritte erkennen, bleiben Sie motiviert und verstärken die Gewohnheit.
- o **Beispiel**: Gönnen Sie sich etwas Schönes, wenn Sie einen Mind-Mapping-Meilenstein erreichen, z. B. das Abschließen eines Projektplans oder das Beibehalten einer täglichen Mind-Mapping-Gewohnheit für einen Monat.

4. **Denken Sie über die Vorteile nach**

- o **Beratung**: Denken Sie regelmäßig darüber nach, wie sich Mind Mapping positiv auf Ihr Leben ausgewirkt hat. Diese Reflexion kann die Gewohnheit verstärken und Sie motiviert halten.

- ○ **Beispiel**: Nehmen Sie sich jede Woche ein paar Minuten Zeit, um ein Tagebuch über die Vorteile zu führen, die Sie durch Mind Mapping erzielt haben, wie z. B. verbesserte Organisation, weniger Stress oder besseres Zeitmanagement.

5. **Anpassen und anpassen**

- ○ **Beratung**: Seien Sie flexibel und bereit, Ihren Ansatz bei Bedarf anzupassen. Wenn etwas nicht funktioniert, probieren Sie eine andere Strategie oder ein anderes Tool aus.
- ○ **Beispiel**: Wenn es Ihnen schwerfällt, sich an eine tägliche Mindmapping-Routine zu halten, versuchen Sie, zu einer wöchentlichen Sitzung zu wechseln oder Mindmapping in einen anderen Teil Ihres Tages zu integrieren.

Beispiel: Realistische Ziele setzen und Fortschritte feiern

1. **Ursprüngliches Ziel**: Erstellen Sie eine tägliche Mindmap für eine Woche.

- ○ **Schritte**:

- Legen Sie eine tägliche Erinnerung fest.
- Verbringen Sie jeden Morgen 10 Minuten damit, eine Mindmap für die Aufgaben des Tages zu erstellen.
- Verfolgen Sie Ihre Fortschritte in einem Tagebuch.

2. **Fortschrittskontrolle**: Überprüfen Sie nach einer Woche Ihr Tagebuch, um festzustellen, wie konsequent Sie waren, und notieren Sie etwaige Herausforderungen oder Erfolge.

3. **Nächste Ziel**: Erweitern Sie die Planung auf die Planung eines kleinen Projekts mithilfe von Mindmaps.

- **Schritte**:
  - Wählen Sie ein einfaches Projekt, z. B. die Planung eines Familienausflugs oder die Organisation eines Arbeitsplatzes.
  - Erstellen Sie eine Mindmap, um die Schritte und den Zeitplan des Projekts zu skizzieren.
  - Überprüfen und aktualisieren Sie die Mindmap regelmäßig.

4.   **Feier**: Feiern Sie am Ende des Projekts Ihre Leistung. Gönnen Sie sich etwas Schönes, zum Beispiel einen Lieblingssnack oder eine entspannende Aktivität.

5.   **Betrachtung**: Denken Sie darüber nach, wie Mind Mapping Ihnen bei dem Projekt geholfen hat. Beachten Sie alle Verbesserungen der Organisation, der Klarheit oder des Stressniveaus.

Indem Sie diese Strategien befolgen und realistische Ziele setzen, können Sie eine konsistente Mind-Mapping-Gewohnheit entwickeln, die Ihre Fähigkeit verbessert, Aufgaben, Projekte und Ziele effektiv zu verwalten. Denken Sie daran, der Schlüssel zum Erfolg ist Beharrlichkeit und Anpassungsfähigkeit. Feiern Sie Ihre Fortschritte, lernen Sie aus Ihren Erfahrungen und verfeinern Sie Ihre Mind-Mapping-Praxis weiter.

Abschluss

Zusammenfassung und Ermutigung

Am Ende dieser Reise nehmen wir uns einen Moment Zeit, um über die wichtigsten Erkenntnisse aus „Mind Mapping für Frauen mit ADHS im Erwachsenenalter: Nutzen Sie das volle Potenzial Ihres Gehirns aus und stärken Sie Ihre ADHS-Reise" nachzudenken. Dieses Buch hat Ihnen ein umfassendes Verständnis des Mindmappings und seiner tiefgreifenden Auswirkungen auf die Behandlung von ADHS vermittelt.

Wir begannen damit, die einzigartigen Herausforderungen zu untersuchen, mit denen Frauen mit ADHS konfrontiert sind, und die transformative Kraft der Selbstakzeptanz und des Selbstbewusstseins. Wir haben uns mit dem Konzept des Mind Mapping beschäftigt, seine Geschichte nachgezeichnet und seine zahlreichen Vorteile entdeckt. Vom Verständnis der Wissenschaft hinter Mind Mapping und seiner Einbindung des ADHS-Gehirns bis hin zum Erlernen verschiedener Tools und Techniken haben Sie wertvolle Erkenntnisse darüber gewonnen, wie Sie Mind Mapping effektiv in Ihr Leben integrieren können.

In den folgenden Kapiteln untersuchten wir praktische Anwendungen von Mind Mapping in verschiedenen

Bereichen Ihres Lebens – privat, beruflich, schulisch und selbst pflegend. Sie haben gelernt, wie Sie den Tagesablauf bewältigen, Aufgaben und Projekte bei der Arbeit organisieren, die Kreativität steigern, das Zeitmanagement verbessern und Selbstpflege Routinen planen. Wir haben auch echte Erfolgsgeschichten und persönliche Erfahrungsberichte hervorgehoben, um Sie zu inspirieren und zu motivieren.

Wenn Sie sich auf Ihre eigene Mindmapping-Reise begeben, denken Sie daran, dass der Prozess einzigartig für Sie ist. Lassen Sie Ihrer Kreativität freien Lauf, haben Sie Geduld mit sich selbst und feiern Sie jeden Meilenstein, egal wie klein er ist. Die erworbenen Fähigkeiten werden Sie in die Lage versetzen, die Komplexität von ADHS zu meistern und das volle Potenzial Ihres Gehirns auszuschöpfen.

Worte der Ermutigung und Ermächtigung

Ihre Reise mit ADHS ist eine Reise voller Belastbarkeit, Stärke und endlosem Potenzial. Mind Mapping ist ein leistungsstarkes Tool, das Ihnen dabei helfen kann, Ihrer Kreativität freien Lauf zu lassen, Ihre Organisation zu verbessern und Ihre Ziele zu erreichen. Es ist ein Beweis für Ihre Fähigkeit, sich trotz der Herausforderungen, denen Sie gegenüberstehen, anzupassen und erfolgreich zu sein.

Glauben Sie an sich und Ihre Fähigkeiten. Sie haben die Macht, Ihr Leben zu verändern und Ihre Träume in die Realität umzusetzen. Jede Mindmap, die Sie erstellen, ist ein Schritt in Richtung eines organisierten, konzentrierteren und erfüllten Lebens. Nehmen Sie die Reise an, feiern Sie Ihre Fortschritte und lernen Sie weiter und wachsen Sie.

Ich freue mich auf

Während Sie Ihre Reise mit Mind Mapping fortsetzen, erkunden, experimentieren und verfeinern Sie Ihre Techniken weiter. Es gibt immer mehr zu lernen und zu entdecken. Die in diesem Buch erwähnten Ressourcen und Communities sollen Sie unterstützen, inspirieren und Sie mit anderen verbinden, die Ihre Reise teilen.

Ich ermutige Sie, Ihre Erfahrungen und Geschichten zu teilen. Ihre einzigartigen Erkenntnisse und Erfolge können andere inspirieren und zu einer wachsenden Gemeinschaft von Frauen beitragen, die sich durch Mind Mapping selbst stärken. Ob in Online-Foren, Social-Media-Gruppen oder lokalen Meetups – Ihre Stimme ist wichtig und kann einen Unterschied machen.

Denken Sie abschließend daran, dass Sie auf dieser Reise nicht allein sind. Sie sind Teil einer lebendigen, unterstützenden Gemeinschaft von Frauen, die die Herausforderungen von ADHS mit Mut und Entschlossenheit meistern. Behalten Sie das Mind Mapping bei, bleiben Sie motiviert und nutzen Sie weiterhin das volle Potenzial Ihres Gehirns. Ihre Reise fängt gerade erst an und die Möglichkeiten sind grenzenlos.

Vielen Dank, dass Sie sich mit mir auf diese Reise begeben haben. Ich freue mich darauf, von Ihren Erfolgen zu hören und die unglaublichen Mindmaps zu sehen, die Sie erstellen. Gemeinsam können wir uns gegenseitig stärken und unsere ADHS-Reisen zu einer Quelle der Kraft und Inspiration machen.

www.ingramcontent.com/pod-product-compliance
Lightning Source LLC
Chambersburg PA
CBHW061637250726
48659CB00004B/1261